인물로 보는 세계 역사

LIVE 세계사

④ 스페인

천재교육

글 **박현비**

만화 스토리 작가로 활동하고 있습니다.
새롭고 재밌는 이야기를 들려주기 위해 늘 고민합니다.
주요 작품으로는 《인류를 뜨겁게 사랑한 노벨상 수상자들—인권 운동가, 반핵 운동가》,
《Why? 스페인, 그리스》 편, 《WHO? 의자왕·계백, 광해군》 등이 있습니다.

만화 **팀키즈**

아이들의 소중한 꿈을 키운다는 마음으로 늘 즐겁고 유쾌하게 만화를 그리고 있습니다.
《레이튼 미스터리 탐정사무소》, 《신비 아파트》, 《흔한남매 대탈출! 주사위 게임》,
《LIVE 과학》 시리즈, 《Why?》 시리즈, 《who? BTS》 등 인기 만화를 작업했습니다.

학습·감수 **김현숙**

고려대학교 역사 교육과를 졸업하고 현재 덕수중학교에서 근무하고 있습니다.
현장에서 역사를 가르치는 선생님의 학습 모임인 「역사사랑」에서 활동하고 있습니다.
함께 지은 책으로 《생각하는 세계사》 서양 고대 편과 서양 중세 편이 있습니다.

LIVE 세계사 ④ 스페인

발행 | 2022년 8월 22일 초판 **인쇄** | 2023년 3월 30일 2쇄
발행처 | (주)천재교육
글 | 박현비 **만화** | 팀키즈 **삽화** | 나인완 **학습·감수** | 김현숙
편집 | 천재교육 만화사업팀 **북디자인** | Design Plus
사진 제공 | 셔터스톡, 위키피디아, 천재교육
신고번호 | 제2001-000018호(1980.5.28)
팩스 | 02-3282-1717
고객만족센터 | 1577-0902
주소 | 08513 서울특별시 금천구 가산로9길 54
홈페이지 | www.chunjae.co.kr

ISBN 979-11-259-7038-5 74900
ISBN 979-11-259-7034-7 74900 (세트)

인물로 보는 세계 역사
LIVE 세계사
④ 스페인

인물을 통해 알아보는 스페인과 포르투갈의 역사

매혹적인 플라멩코와 투우의 열정을 느낄 수 있는 나라,

가우디와 피카소의 예술혼이 살아 숨 쉬는 곳. 바로, 스페인입니다!

정식 국명은 '에스파냐 왕국'이지만, 영어식 표기인 '스페인'으로 더 유명하지요.

그리고 스페인을 이야기할 때 빠지지 않는 나라가 있습니다.

같은 이베리아반도에 이웃하고 있는 포르투갈입니다.

두 나라는 역사적으로 상당히 많은 부분을 공유합니다.

고대 로마 제국의 지배부터, 게르만족 치하에서 발전한 크리스트교 문화,

아주 긴 시간 동안 이슬람 세력의 지배를 받은 사실까지!

무엇보다도, 대항해 시대를 활짝 연 해양 국가라는 공통점이 있습니다.

최초로 인도 항로를 개척한 사람은 포르투갈의 탐험가 바스쿠 다가마였고,

처음으로 대서양과 태평양을 횡단하여 지구가 둥글다는 것을 증명한 마젤란은

포르투갈 출신의 스페인 탐험가였습니다. 서인도 제도를 발견한 콜럼버스는

이탈리아인이었지만 스페인 왕실의 지원이 없었다면 탐험을 떠나지도 못했겠지요.

심지어 두 나라는 라틴 아메리카 지역을 식민지 삼은 어두운 역사까지도 비슷합니다.

오늘날 스페인어가 국제 연합의 공식 언어 여섯 개 중 하나이며, 전 세계 20개 나라에서

쓰인다는 사실만 봐도 스페인이 세계 역사에 미친 영향력을 짐작할 수 있습니다.

자! 이제 열정적인 탐험의 시대, 모험의 나라로 떠나 봅시다!

화려한 영광은 어떻게 만들어졌으며, 또 어떻게 사라졌을까요?

김현숙
서울 덕수중학교 교사

나비 효과! 연약한 나비의 날갯짓 하나가 지구 반대편에 있는 나라에 큰 태풍을 만들어 낼 수 있다는 뜻이에요. 오늘날 지구촌에 살고 있는 우리 모두가 밀접하게 서로 영향을 주고받는다는 것을 보여 주는 말이지요. 《LIVE 세계사》는 한국에서 태어났지만 세계인과 친구가 되고 함께 살아갈 여러분에게, 흥미 있는 세계사를 보여 줄 것입니다.

김태규
서울 장충고등학교 교사

《LIVE 세계사》는 어린이 혼자 읽으면서도 쏙쏙 이해되는 세계 여러 나라를 여행하는 듯한 생동감을 전해 주는 책이지요. 역사적 인물을 통해 각 나라의 역사를 살펴보며 '세계사 공부가 쉽고 재미난 것이구나!' 하는 생각을 갖게 될 거예요. 세계사와 연관된 한국사도 담겨 있어 세계 시민으로 살아가는 어린이들에게 더 넓은 세상으로 나아가는 길을 열어 주지요.

황은희
서울 월천초등학교 교사

《LIVE 세계사》는 세계 여러 나라의 역사를 중요 인물과 사건을 통해 살펴보고, 이와 관련된 주변 나라의 역사와 나아가 세계 역사 흐름을 살펴보려는 책입니다. 인물과 사건, 그리고 유적과 유물을 통해 세계는 연결되어 있고, 과거와 현재가 연결되어 있음을 알 수 있습니다. 세계 속 인물을 통해 과거와 현재 그리고 세계 곳곳을 찾아 여행을 떠나요!

왕홍식
서울 보성중학교 교사

우리 함께 세계 여러 나라의 인물을 만나고, 각 나라에 대해 알아봐요. 여러분이 친구들과 많은 것을 함께 나누는 것처럼 세계 여러 나라 사람들도 이웃 나라, 심지어 지구 반대편 먼 나라 사람들과 만나 많은 것을 주고받았어요. 그 결과물이 세계사이지요. 《LIVE 세계사》는 곳곳에 우리나라 이야기도 들어 있어 편하게 만날 수 있을 거예요.

이강무
서울 인창중학교 교사

이 책의 특징

Start

1

여행 지도

해당 나라의 지도와 함께 수도, 언어, 기후, 국기 등 기본 정보를 알아봅니다.

2

만화와 정보 박스

세계 역사 속 주요 인물을 재밌는 스토리와 함께 만화로 만나 봅니다. 정보 박스를 통해 놓치기 쉬운 학습 정보를 보충합니다.

3

세계사 들여다보기
세계사 넓게 보기
세계사 깊게 보기

해당 나라에 관련된 정보를 읽고, 그 시기에 주변 나라와 우리나라는 어떤 일이 있었는지 살펴봅니다.

콜럼버스 (1450년~1506년)

이탈리아 출신의 탐험가이자 항해가예요. 1492년 이사벨 여왕의 후원을 받아 대서양 서쪽으로 탐험을 떠났어요. 그는 대서양 서쪽으로만 가면 분명 인도를 비롯한 아시아가 나올 거로 생각했어요. 이것은 틀리지는 않지만, 실제로 스페인에서 아시아까지의 거리는 그가 예상했던 것보다 훨씬 멀었지요. 콜럼버스 일행은 출항한 지 3개월 만에 육지에 닿았고, 콜럼버스는 그곳이 인도라고 믿었지만 사실은 아메리카 대륙이었어요.

*거액

세계사 들여다보기·스페인

스페인 왕국의 성립

유럽 남서쪽 끝에 있는 이베리아반도는 기원전 2세기부터 로마 제국의 그러다 로마가 쇠퇴하던 5세기 무렵에 가톨릭을 믿는 서고트족이 침입 하지만 서고트 왕국은 711년, 북아프리카에서 침입한 이슬람교도에 의 이번에는 이슬람 세력이 이베리아반도를 지배하게 된 것이지요. 하지만 반격했고, 이후 800여 년이라는 아주 긴 시간 동안 이슬람 세력을 몰아 그 결과, 1492년에 카스티야의 이사벨 1세와 아라곤의 페르난도 2세가 마지막 이슬람 세력을 몰아내는 데 성공했어요. 스페인 왕국의 시작된

알람브라 궁전의 열쇠를 넘겨받는 이사벨 여왕

놀이 퀴즈

미로 찾기, 가로세로
낱말 퀴즈, 사다리 타기 등
재밌는 퍼즐을 이용해
학습한 내용을
확인해 봅니다.

문제 퀴즈

세계사와 관련된 다양한
유형의 문제를 풀면서
학습한 내용을 점검하고
교과를 비롯한 여러 가지
시험에 대비합니다.

연표

인물과 사건을 중심으로
역사의 흐름을 이해하고
같은 시기에 우리나라와
다른 나라에서 일어난
사건과 비교해 봅니다.

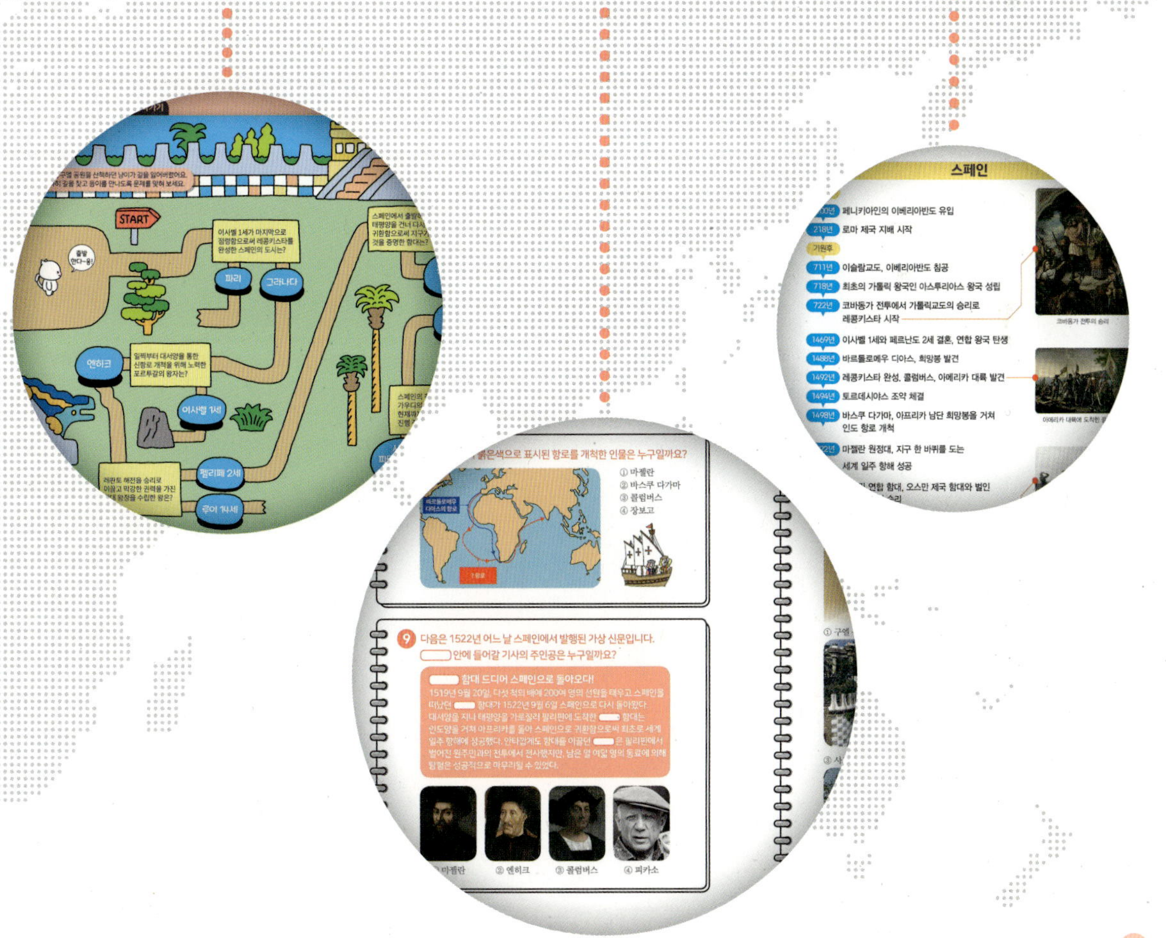

수도

마드리드는 국토 중앙부에 위치한 스페인의 수도로
스페인의 정치·경제·문화의 중심지 역할을 해요.

언어

스페인어가 공용어이며 지역에 따라 갈리시아어, 바스크어,
아라곤어, 카탈루냐어 등 그 지방의 언어를 사용하기도 해요.
세계적으로 스페인어 사용자는 약 5억 7,000만 명 정도예요.

지리

유럽 남서쪽 끝 이베리아반도에 위치해 있으며
동쪽과 남쪽은 지중해, 서쪽은 포르투갈과 닿아 있어요.
국토의 1/3 정도가 산지로 이루어져 있어요.

기후

해안 지역은 주로 따뜻하고 습한 지중해성 기후이며
내륙 지방은 건조한 대륙성 기후가 나타나요.

화폐

2002년까지 '페세타'라는 화폐를 사용했으며
지금은 유럽 단일 통화인 유로를 사용해요.

종교

로마 가톨릭교회를 국가의 정체성으로 삼으며
인구의 약 76%가 로마 가톨릭교회 신자예요.

산업

관광업과 농업, 에너지 산업이 경제를 이끌어요.
항공·우주 산업과 패션 산업도 발달했어요.

세계 유산

스페인의 역사가 담긴 알람브라 궁전과 건축가
안토니 가우디의 다채로운 건축물들이 유명해요.

산티아고 데
콤포스텔라

포르투갈

리스본

스페인
바르셀로나
마드리드
톨레도
코르도바
세비야
그라나다
말라가
국기
국기의 문장은 스페인 왕국을 구성하는
부르봉 왕가와 카스티야, 레온, 아라곤,
나바라, 그라나다 왕국을 상징해요.

등장인물

해리

이상한 나라의 정원사.
격투기에 뛰어나며,
힘이 아주 세요.

솔이

이상한 나라의 음악가.
악기를 잘 다루고
감수성이 섬세해요.

냥이

차분하지만
똘똘하고 야무져요.
친구를 무척 아껴요.

하트 공주

이상한 나라
하트 여왕의 외동딸.
자기만의 왕국을
세우려고 해요.

가로

하트 공주의 부하.
충성심으로 가득하지만
엉뚱한 행동으로 일을
그르치기도 해요.

세로

하트 공주의 부하.
공주의 말이라면 무조건
따르며, 눈치가 빨라
행동도 빨라요.

이사벨 1세

카스티야–레온 왕국의 여왕.
페르난도 2세와 결혼하여
통일 스페인 왕국을 만들었어요.

엔히크 왕자

포르투갈의 왕자.
바닷길을 개척하는 데 앞장선
해양 탐험의 선구자예요.

콜럼버스

이탈리아 출신의 탐험가.
이사벨 여왕의 지원을 받아
신대륙 탐험에 나섰어요.

펠리페 2세

스페인과 포르투갈의 왕.
강력한 무적함대를 앞세워
스페인의 황금기를 이뤘어요.

피카소

스페인 출신의 천재 화가.
입체주의 미술 양식을 창조한
20세기 최고의 거장이에요.

차례

이상한 나라 안내서
여기는 이상한 나라.
세상의 지식과 상상이 모여 만들어진 마법의 나라예요.
하트성
레스토랑
도서관
정원
음악관
인간, 동물, 요정, 마법사, 책 속의 인물 등 다양한 이들이 살고 있지요.

이상한 나라에서 가장 중요한 곳은 도서관이에요. 인간 세계와의 균형을 보여 주는
절대시계가 있거든요. 인간 세계가 흔들리면 여기도 무사하지 못해요.

도서관에 인간 세계로
넘어가는 시간의 문이
있다는 건 안 비밀!

껄
껄

이상한 나라는 항상 평화로워요.
가끔 하트성에 사는 공주가 말썽을 일으킬 때 빼고는요.

엄마, 미워!

너 사춘기니?

오늘은 어떤 하루가
시작될까요?

덜
덜
덜

새로운 모험의 시작

***특정** 특별히 지정함.

*비상 뜻밖의 긴급한 사태.
*추정 미루어 생각하여 판정함.

이번에도 나만 믿어.
혼자서 괜찮겠어?
툭

그럼 내가 같이 갈게.
쏘옥

네가 도움이 될까? 차라리 나 혼자가 더 나을 것 같은데?
누가 더 큰 활약을 했는지는 임무를 마치고 이야기하자고!
핏!
나도~ 나도~

이번엔 나도 도움이 되고 싶은데 함께할 수 있을까?
냐옹~
냥이는 추리력이 뛰어나서 큰 도움이 될 거야.
그럼! 언제든 환영이지!
빙그르르

우아~ 벌써 일이 다 해결된 것처럼 든든해!
뽕~
자, 그럼 출발하자!
척
참! 마법 안경도 챙겨 가야지!
그리고 이번 목적지는 스페인이야.
아, 스페인! 꼭 한번 가 보고 싶던 나라야.
나도!
척
탁
잘됐다!
방방

철의 여왕 이사벨

냥이야, 여긴 어디고 지금은 언제쯤이야?

지금은 15세기이고 여기는 스페인 남부 지역이야.

난 마법 안경으로 공주의 흔적을 찾아볼게.
슥

어때?
오! 바로 앞에 발자국이 있었어!

이 들판을 쭉 가로질러 갔어.
헉, 엄청 멀다!
끝이 안 보여.
척
두리번

저 친구들에게 도움을 청해 볼까?
척
친구라니?
희
누구?
둥~
찬성! 좋은 생각이야!
하트 공주도 빨리 따라잡을 수 있겠다!
거리가 텅 비었어. 무슨 일이지?
척
썰렁~
사람이라곤 안 보이네.
다각
다각

어라? 하트 공주의 발자국은 여기서 끊겼어.
띵!?

그럴 리가! 갑자기 날아가기라도 했다는 말이야?
그러게

하트 공주가 누구를 노리고 어디로 갔는지 전혀 모르는데 어떡하지?
너무 조급해 하지 마.

한편
이제야 좀 살 것 같군.
또각
또각

이 생각을 왜 진작 못했지?

*예외 일반적 규칙이나 정례에서 벗어나는 일.
*무모 앞뒤를 잘 헤아려 깊이 생각하는 신중성이나 꾀가 없음.

도시를 몇 번이나 돌았지만 흔적조차 없어. 하트 공주뿐만 아니라 보통 사람들도.
슉
슉
슉
앗!
타
타
타탓
뭐… 뭐지?
일단 피하자!
이제 남은 도시는 여기뿐이다! 전력을 다하도록!
저쪽으로!
다각
다각

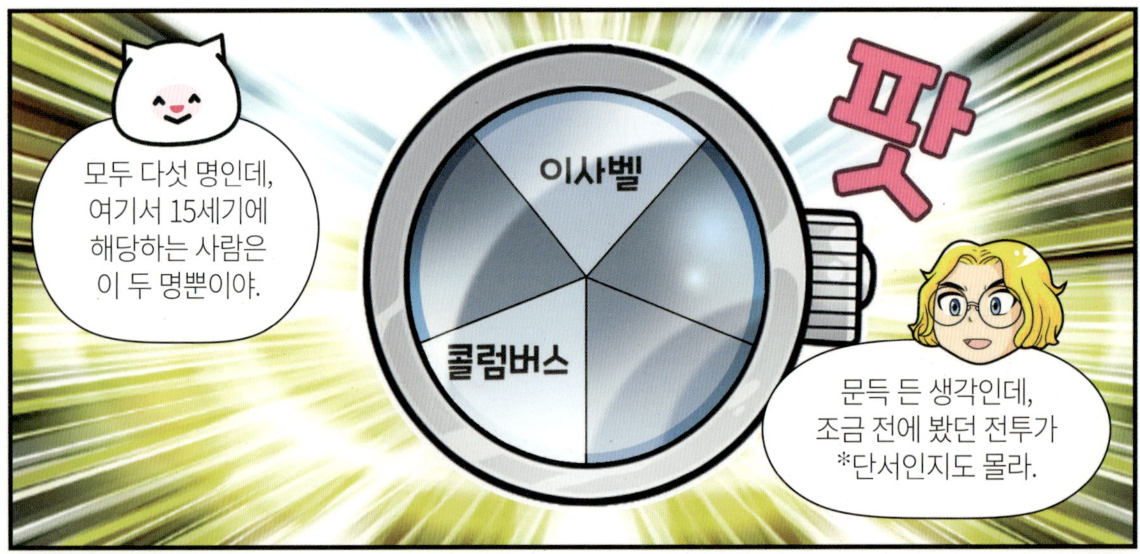

***설상가상** 눈 위에 서리가 덮인다는 뜻으로, 난처한 일이나 불행한 일이 잇따라 일어남.
***단서** 어떤 일이나 사건이 일어난 까닭을 풀 수 있는 실마리.

***이베리아반도** 유럽 대륙 서남쪽 끝에 있는 반도. 스페인, 포르투갈, 안도라 등이 있다.
***이슬람** 이슬람교를 국교로 삼은 나라들이나 그런 문화권.

이사벨 1세 (1451년~1504년)

카스티야 왕국의 공주로 태어난 이사벨은 1469년 아라곤의 황태자 페르난도와 결혼했어요. 1474년에는 카스티야의 왕위를 계승하여 여왕의 자리에 오르지요. 얼마 후 남편 페르난도 역시 아라곤 연합 왕국의 왕위를 물려받자 둘은 카스티야-아라곤 연합 왕국을 만들었어요. 이 왕국은 훗날 스페인 왕국의 기초가 되었기 때문에 사람들은 이사벨 1세를 '통일 스페인의 어머니'라고 부르기도 해요. 이사벨 1세는 이베리아반도의 마지막 이슬람 국가였던 그라나다를 점령함으로써 800년 가까이 이베리아반도를 지배했던 이슬람 세력을 완전히 몰아내는 대단한 업적을 이루어 냈어요. 또한 콜럼버스의 신항로 개척을 지원한 사람도 바로 이사벨 1세였답니다.

*단정 딱 잘라서 판단하고 결정함.
*점령지 점령한 지역.

쏴아악~
앗!
덥석
안 돼!
마법 안경!
탁탁
따라가자!
파팟
저 매를 따라가 줘!
절대로 놓쳐선 안 돼!

파닥
드디어
내려앉았어!

저기 봐.
야생의 매가
아닌가 봐.

카스티야 연합 왕국과
아라곤 왕국 국기야.

군대가
머물고 있군.

어느 나라인지
알 수 있겠어?

카스티야 연합 왕국은
이사벨 1세가, 아라곤 왕국은
페르난도 왕이 다스리고 있지.

*전령 명령을 전하는 사람.
*대기 때나 기회를 기다림.

***갑옷** 예전에, 싸움을 할 때 적의 창검이나 화살을 막기 위해 입던 옷.
***함락** 적의 성, 요새, 진지 따위를 공격하여 무너뜨림.

이제 고향에 가서 가족들 만날 일만 남았군.
이제는 제발 그 누구의 지배도 받지 않기를!
스페인은 이슬람 이전에도 카르타고, 로마 제국, 서고트 왕국의 지배를 받았었대.
서고트 왕국이 멸망한 711년부터 지금까지는 이슬람 세력의 지배를 받고 있었고.
저렇게 기뻐하는 이유가 있었구나!
정말 잘됐다!

***정체성** 어떤 존재가 가진 변하지 않는 본래의 성질이나 모습 .
***동화** 성질, 양식, 사상 따위가 다르던 것이 서로 같게 됨.

***군주** 세습적으로 나라를 다스리는 최고 지위에 있는 사람.
***행차** 신분이 높은 사람이 격식을 갖춰 길을 감. 또는 그 대열.

힘들어도 조금만 참자.
이사벨 1세를 지키는
가장 확실한 방법이야.
걱정 마!
꽉

근데 하트 공주가
이사벨 1세를 노리는
이유는 뭘까?

이유 정도는
알고 지키고
싶은데 도무지
모르겠어.
이사벨 1세의
스토리가 마음에
든 것 아닐까?

이베리아반도에 이슬람 왕국이
세워졌을 때, 가톨릭 왕국들은
주로 북쪽에 자리를 잡았어.
레온 왕국
나바라 왕국
아라곤 왕국
카스티야 왕국
바르셀로나 왕국
이슬람 왕국

*통합 둘 이상의 조직이나 단체를 하나로 합침.
*결말 어떤 일이 마무리되는 끝.

***납득** 다른 사람의 말이나 행동, 형편 따위를 잘 알아서 긍정하고 이해함.
***용납** 너그러운 마음으로 남의 말이나 행동을 받아들임.

***알람브라 궁전** 스페인 그라나다에 있는 이슬람 왕국의 궁전

알람브라 궁전이라면 무함마드 12세가 있는 곳? 왜 본국으로 가지 않고 거기로 가는 거야?

무함마드 12세를 만나러 가는 거야.
뒤적

아! 항복을 받으러 가는 거구나!
응! 역사에 따르면, 무함마드 12세는 이사벨 1세에게 알람브라 궁전의 열쇠를 넘겨주게 돼.
슥

이사벨 1세를 납치하기 딱 좋은 타이밍이군.
바로 그거야!

하트 공주는 처음부터 그때를 노린 것 같아.

***선발대** 먼저 출발하는 부대 또는 무리.

*리그 야구 · 축구 · 농구 따위에서, 우승을 가리기 위하여 경기를 벌이는 스포츠 팀의 집단.

*국장 한 나라를 상징하는 공식적인 표장을 통틀어 이르는 말.
*문장 국가나 단체, 집안을 나타내기 위해 사용하는, 도안한 그림이나 문자로 된 상징적인 표지.

명령이 있을 때까지
우리는 여기서 대기한다!
네!

저 성이
알람브라인가 봐.
멋진데?

감탄하고 있을 시간이 없어.
지금부터는 시간 싸움이야!
아참!

기다려라,
하트 공주!

***예감** 어떤 일이 일어나기 전에 암시적으로 또는 본능적으로 미리 느낌.
***사방** 동·서·남·북 네 방위를 통틀어 이르는 말.

***철통같다** 준비나 대책이 튼튼하고 치밀하여 조금도 허점이 없다.
***임박** 어떤 때가 가까이 닥쳐옴.

하트 공주는 도대체
어디 있는 거야?
어?
쌩~

탁 탁
탁 탁
따라가
보자!

드디어
올 것이 왔군.
이사벨 여왕과
페르난도 왕이
곧 도착합니다.
저 사람이
무함마드 12세?
그런가 봐.

*긴장 마음을 조이고 정신을 바짝 차림.

***감금** 드나들지 못하도록 일정한 곳에 가둠.

사용법을 알려 드리죠.
이 카드로 말하자면….

쿠오오오

멈춰!
파팡

휘릭
짜잔~
하트 공주
등장이오!

파지지직
잘 봤지?
너흰 내 상대가
안 돼.
거기 서요!
공주님 제발…!
후다다닥

팟
이게 무슨 일이지?
여… 여왕이 사라졌어….
이 아이들을 *체포하라!
왠지 모든 죄를 우리가 뒤집어쓸 것 같은 분위기지?

파파팟
큰일이다!

스페인 왕국의 성립

유럽 남서쪽 끝에 있는 이베리아반도는 기원전 2세기부터 로마 제국의 지배를 받았어요.
그러다 로마가 쇠퇴하던 5세기 무렵에 가톨릭을 믿는 서고트족이 침략하여 새 주인이 되었지요.
하지만 서고트 왕국은 711년, 북아프리카에서 침입한 이슬람교도에 의해 멸망하고 말아요.
이번에는 이슬람 세력이 이베리아반도를 지배하게 된 것이지요. 하지만 가톨릭 세력은 다시
반격했고, 이후 800여 년이라는 아주 긴 시간 동안 이슬람 세력을 몰아내기 위해 노력했어요.
그 결과, 1492년에 카스티야의 이사벨 1세와 아라곤의 페르난도 2세가 이베리아반도에 남은
마지막 이슬람 세력을 몰아내는 데 성공했어요. 스페인 왕국의 시작은 바로 이때부터입니다.

알람브라 궁전의 열쇠를 넘겨받는 이사벨 1세

스페인 속 이슬람의 발자취

이슬람 세력은 아주 긴 시간 이베리아반도를 지배했던 만큼 곳곳에 자신들의 문화를 남겨 놓았어요. 그 흔적들은 지금까지도 남아서 스페인 역사의 일부이자 소중한 관광 자원이 되었지요. 스페인의 남부 도시인 세비야와 코르도바, 그라나다가 대표적이에요. 또한 스페인 중부 지역의 톨레도는 도시 전체가 유네스코 세계 문화유산일 정도로 이슬람의 흔적을 강하게 느낄 수 있어요.

메스키타
코르도바

톨레도 역사 도시
톨레도

알람브라 궁전
그라나다

포르투갈 왕국의 등장

포르투갈의 역사는 1143년, 이베리아반도의 가톨릭 왕국 중 하나인 레온 왕국으로부터
독립하면서 시작되었어요. 레온 왕국은 훗날 카스티야에 병합되어 스페인의 일부가 되었고요.
즉, 포르투갈과 스페인의 뿌리는 크게 다르지 않은 셈입니다. 역사적으로도 두 나라는 서로
밀접한 관계를 맺고 있으며 많은 부분을 공유해요. 두 나라 모두 로마 제국과 이슬람의 지배를
받았고, 레콩키스타에 힘썼다는 공통점도 있지요. 단, 포르투갈은 스페인보다 약 250년이나
앞선 1249년에 레콩키스타를 완성했어요. 그 덕분에 한발 먼저 대서양으로 나아갈 수 있었고,
16세기 즈음에는 세계 곳곳에 식민지를 둔 세계 최강국으로서 큰 번영을 누렸어요.

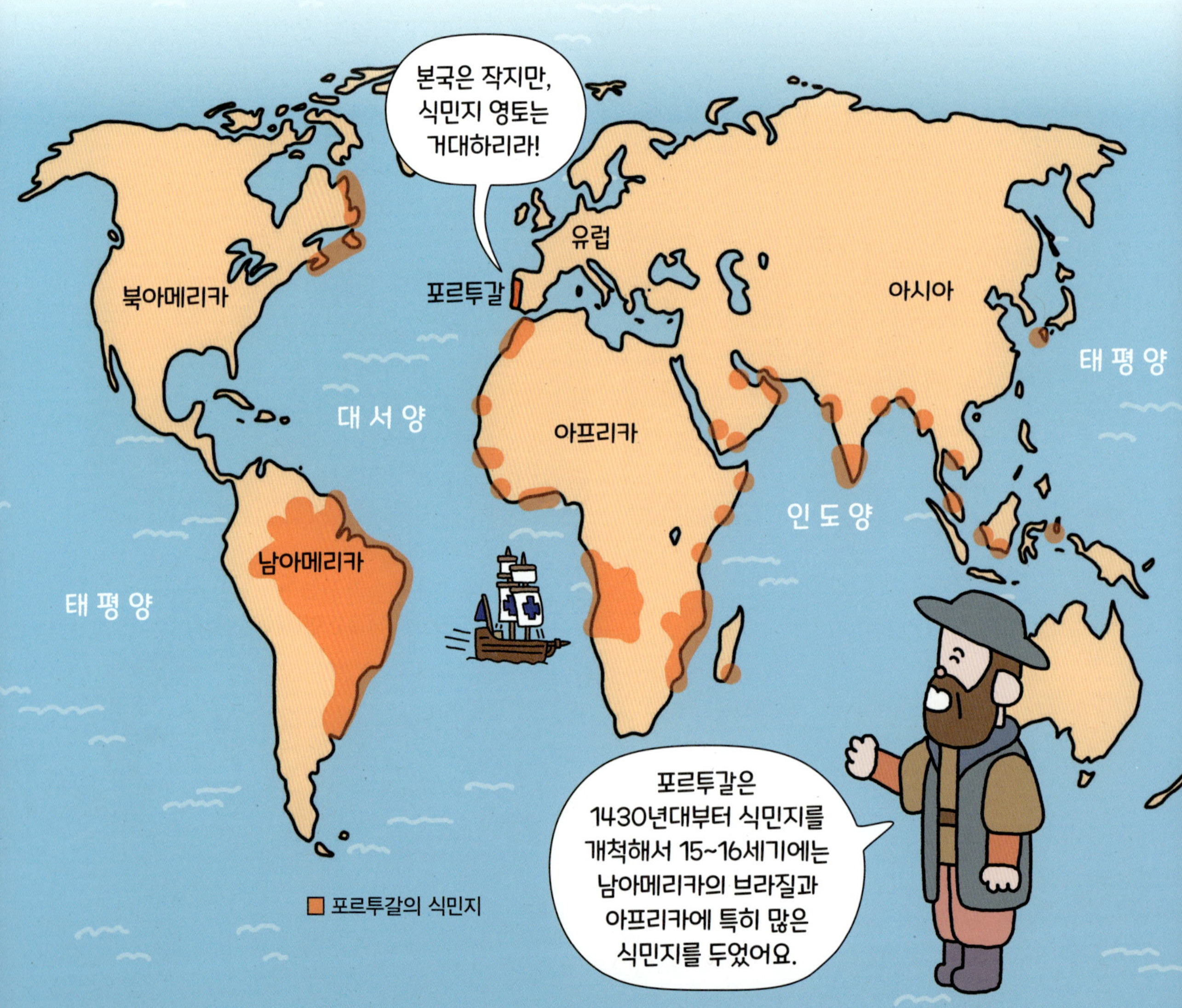

우리나라 최초의 여왕

스페인 통일의 기초를 만든 이사벨 1세처럼 우리 역사에도 여왕이 있었어요.
우리 역사에는 선덕 여왕, 진덕 여왕, 진성 여왕 등 세 명의 여왕이 등장하는데, 이들은 모두
신라의 왕이었어요. 신라에는 귀족을 등급으로 구분하는 골품제라는 신분 제도가 있었는데,
여기서 왕이 될 수 있는 신분은 오직 '성골' 뿐이었답니다. 그래서 성골 출신 남자가 없을 때는
성골 출신 여자에게 왕위를 넘겨주었던 거예요. 이렇게 탄생한 한국사 최초의 여왕은 신라의
제27대 왕인 선덕 여왕이에요. 오늘날 우리나라를 대표하는 문화재인 첨성대와 분황사,
황룡사지 9층 목탑 등은 모두 선덕 여왕 때 만들어진 것들이랍니다.

대양의 개척자, 엔히크 왕자

***누명** 사실이 아닌 일로 이름을 더럽히는 억울한 평판.

***체력** 육체적 활동을 할 수 있는 몸의 힘.
***무기력** 어떠한 일을 감당할 수 있는 기운과 힘이 없음.

***결단** 결정적인 판단을 하거나 단정을 내림. 또는 그런 판단이나 단정.
***자문** 어떤 일을 잘하기 위해 그 방면의 전문가에게 의견을 물음.

***항해** 배를 타고 바다 위를 다님.
***개척** 새로운 영역, 운명, 진로 따위를 처음으로 열어 나감.

냐~옹~

앗!
고양이 소리다!
휙

냥이야!
내 생각이 맞았어!
딸랑
제대로 찾아왔군.
쿨쿨~

여긴 어떻게 찾았어?
내 *예민한 감각으로!
후다닥
냥이 최고!
팟
그럼 다시 출발~!
스르릉

*예민하다(60쪽) 무엇인가를 느끼는 능력이나 분석하고 판단하는 능력이 빠르고 뛰어나다.
*꿍꿍이 남에게 드러내 보이지 아니하고 속으로만 어떤 일을 꾸며 우물쭈물하는 속셈.

***망망대해** 한없이 크고 넓은 바다.

***향신료** 음식에 맵거나 향기로운 맛을 더하는 조미료.
***육로** 육지, 즉 땅 위로 난 길

*오스만 제국 1299년에 오스만 1세가 소아시아에 세운 이슬람 제국.
*신항로 배가 지나다니는 새로운 바닷길.

*세우타 북아프리카 모로코 북부에 있는, 지브롤터 해협을 향해 있는 도시.
*출항 배가 항구를 떠나감.

발자국이 저쪽으로 찍혀 있어!
둥~!!

저기 저 배! 배를 탔어!
촤아
*돛만 봐도 알아보겠군.

세우타를 향해 최고 속도로 항해하도록!
예!

헉
헉
어머? 이게 누구야~

열심히 달려왔는데 어쩌지? 배에 남은 자리가 없어~!
우린 먼저 간다, 느림보 녀석들아!
많이 바쁘면 수영이라도 하셔! 메~롱!
으~ 약 올라!

*돛(66쪽) 배 기둥에 매어 바람을 받아 배를 나아가게 할 수 있도록 만든 넓은 천.
*총독 지배하는 지역 안의 모든 일을 거느려 다스리는 직책.
*수시 일정하게 정해 놓은 때 없이 그때그때 상황에 따름.

세우타에서 고객들이 기다리는데 여태 짐을 안 싣고 뭘 한 거요?
선원과 일꾼들이 배탈로 앓아누웠어요. 일손이 없다고요.
들었어? 세우타로 간대!

당장 가자!
하늘이 주신 기회야!
척.

휴~ 이걸 어쩐다….
혹시 일꾼이 필요하신가요?

휙
도움이 필요하신 것 같아서요.

일꾼 여럿이 필요해. 아이 한두 명으로는 어림도 없다고.

*일당백 한 사람이 백 사람을 당해 낸다는 뜻으로, 매우 용감함을 이르는 말.
*정시 일정한 시간 또는 시기.

*범선 돛을 단 배.
*제격 그 지닌 바의 정도나 신분에 알맞은 격식.

*역풍 배가 가는 반대쪽으로 부는 바람.
*전환 다른 방향이나 상태로 바뀌거나 바꿈.

왜 엔히크 왕자를 데려가려고 하는지 이제 알겠지?
네)에!!

가자, 세우타로! 속도를 높여!
척

좌아
하트 공주의 배가 보여?
세우타 도착 전에 공주의 배를 따라잡으면 좋으련만….
아니, 아직….

참! 엔히크는 어떻게 세우타의 총독이 된 거야? 포르투갈의 왕자라고 하지 않았나?
엔히크 왕자가 세우타를 정복했거든.
포르투갈 역사상 처음 얻은 해외 영토지.

*교역 주로 나라와 나라 사이에서 물건을 사고팔고 하여 서로 바꿈.
*상업 상품을 사고파는 행위를 통하여 이익을 얻는 일.
*진귀하다 보배롭고 보기 드물게 귀하다.

엔히크 왕자 (1394년~1460년)

포르투갈 주앙 1세의 셋째 아들로 태어났어요. 일찍부터 대서양 신항로를 개척하기 위해 노력했어요. 항해 연구소를 세워 항해가와 지도업자, 천문학자들을 지원하고 직접 배를 만들기도 했지요. 훗날 포르투갈이 바다 건너 많은 식민지를 건설하고, 유럽 국가 최초로 인도 항로를 개척할 수 있었던 것은 이러한 엔히크 왕자의 노력이 있었기 때문이에요. 그래서 후세 역사학자들은 엔히크 왕자를 가리켜 '항해왕' 또는 '항해 왕자'라는 별명을 붙여 부르기도 해요.

***암초** 물속에 잠겨 보이지 아니하는 바위나 산호.
***침몰** 물속에 가라앉음.

***순풍** 배가 가는 쪽으로 부는 바람.

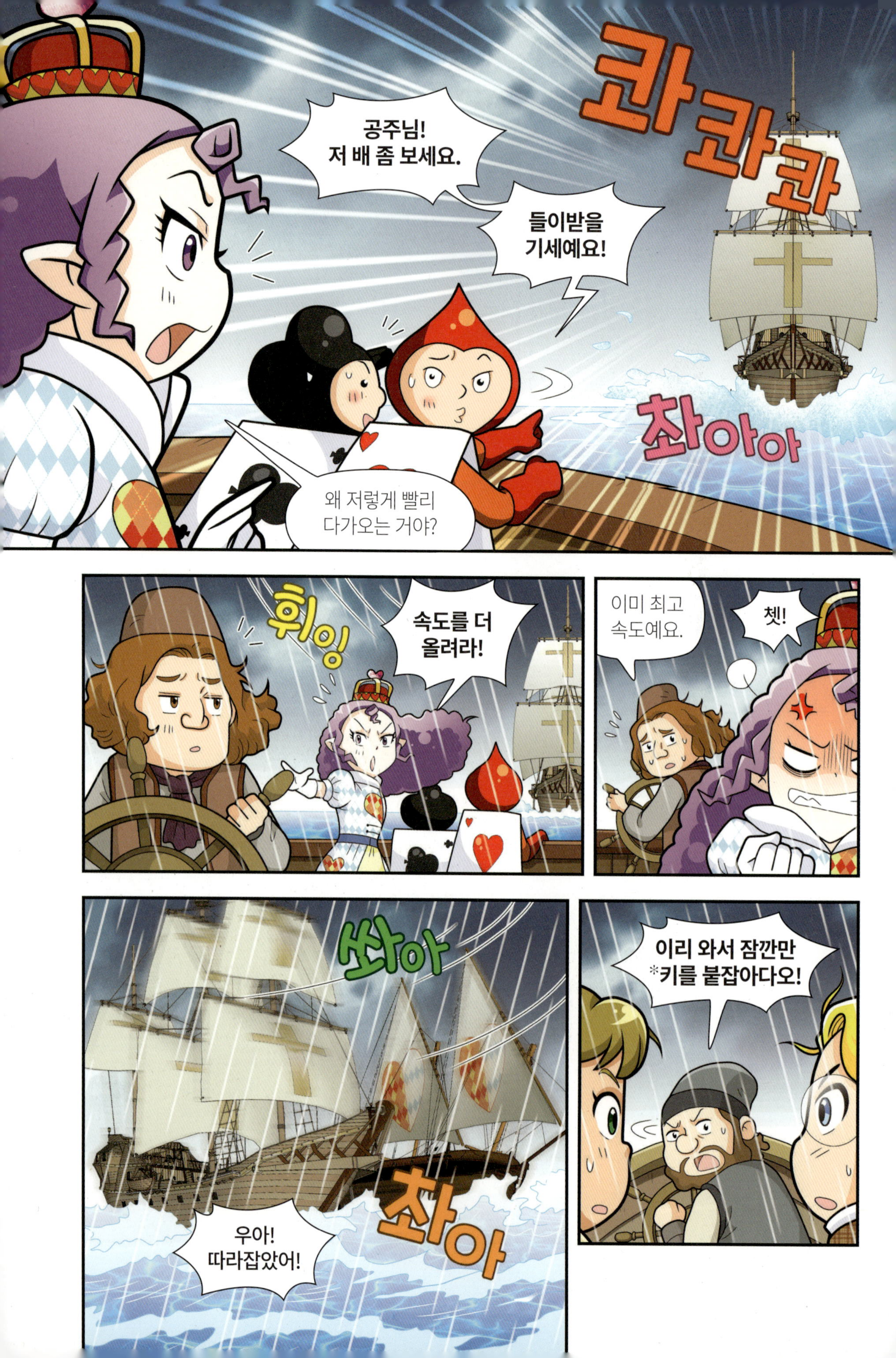

콰
콰콰
공주님!
저 배 좀 보세요.
들이받을
기세예요!
좌아아
왜 저렇게 빨리
다가오는 거야?

휘잉
속도를 더
올려라!
이미 최고
속도예요.
쳇!

쌰아
좌아
우아!
따라잡았어!

이리 와서 잠깐만
*키를 붙잡아다오!

*키(80쪽) 배의 방향을 조종하는 장치.
*오산 미리 생각하거나 추측을 잘못함. 또는 그런 생각이나 추측.

82

*전복 차나 배가 뒤집힘.

콰아아아
어… 어서 피하세요, 공주님!
여기서 어디로 피해, 바보들아!
어… 어떡하지?
쿠오오오오

신항로 개척에 앞장선 포르투갈

중세 유럽에서는 음식에 맵거나 향기로운 맛을 더하는 향신료가 큰 인기였어요.
하지만 당시 향신료는 동남아시아에서만 생산되었기 때문에 가격이 무척 비쌌답니다.
뒤집어 보면 이 말은, 유럽으로 향신료를 들여오기만 한다면 큰돈을 벌 수 있다는 뜻이었지요.
포르투갈인들이 대서양을 통한 신항로 개척에 나서게 된 결정적 계기도 이 향신료 때문이에요.
지중해를 건너면 육로를 통해 어렵지 않게 동남아시아에 닿을 수 있었지만, 스페인 때문에
지중해 진출이 쉽지 않자 결국 대서양으로 눈을 돌리게 되었던 것입니다.

퀴즈 향신료 무역을 위해 포르투갈 사람들이 진출한 바다는? ① 대서양 ② 고사양

희망봉을 돌아 마침내 인도로!

1487년, 포르투갈의 탐험가 바르톨로메우 디아스는 신항로 개척을 위한 탐험을 떠났어요.
아프리카 서해안을 따라 항해한 바르톨로메우 디아스의 함대는 힘겨운 항해 끝에 1488년에
아프리카 남쪽 끝 희망봉에 겨우 도착했지요. 그로부터 9년 후인 1497년에 탐험을 떠난
바스쿠 다가마는 바르톨로메우 디아스가 개척한 항로를 따라 어렵지 않게 희망봉에 도착했고,
결국 인도양을 건너 그토록 바라던 인도에 닿았어요. 엔히크 왕자가 대서양을 통한
신항로 개척을 시작한 지 80년 만에 얻은 값진 결과였습니다.

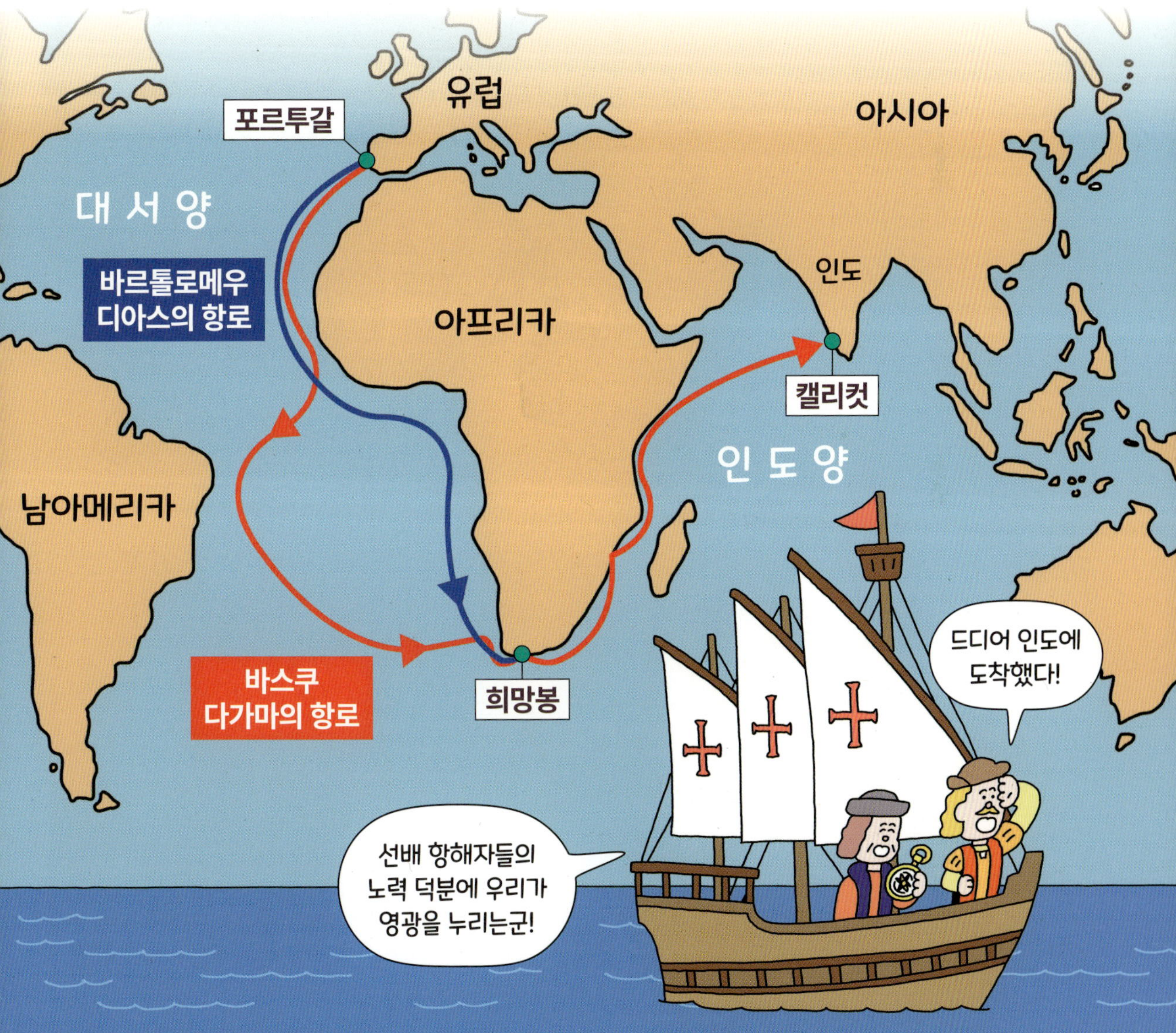

노예 무역과 노예 해안

인도 항로가 개척되기 전 포르투갈인들이 먼저 도착한 곳은 서아프리카 지역이었어요. 이곳에 막대한 양의 금이 매장되어 있는 것을 보고 '황금 해안'이라고 이름 붙였지요. 다른 곳도 그 지역의 주요 특산물에 따라 '후추 해안', '상아 해안'으로 부르곤 했어요. 그런데 이곳에는 '노예 해안'이라고 불리는 지역도 있었답니다. 그렇다면 그곳의 특산물이 노예라는 말일까요? 믿기 어렵지만 사실이에요! 포르투갈을 비롯한 유럽의 여러 국가들은 아프리카의 원주민을 노예로 삼아서 이들을 물건처럼 사고파는 끔찍한 짓을 벌였답니다. 이런 일은 수백 년이나 이어졌어요.

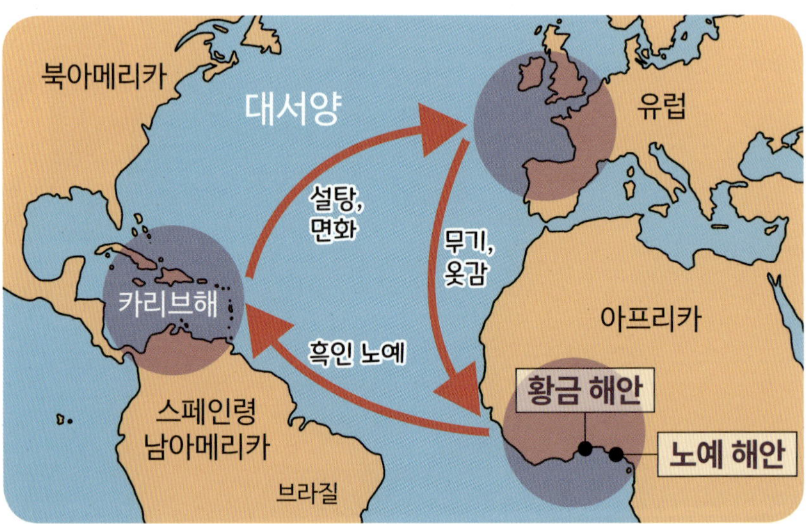

해상왕 장보고

포르투갈에 '항해 왕자' 엔히크가 있다면 우리나라에는 '해상왕'으로 불리는 장보고가 있어요.
장보고는 신라인이지만 신분 때문에 벼슬을 얻기 힘들자 당나라로 건너가 군인이 되었지요.
어느 날, 장보고는 신라인들이 당나라 해적에게 붙들려 노비로 팔려 가는 것을 목격하고
큰 충격을 받았어요. 그래서 곧장 신라로 돌아와 왕에게 이 사실을 알리고 자신이 해적을 소탕하게
해 달라고 청했지요. 이에 왕은 완도에 해군 군사 시설이라고 할 수 있는 청해진을 설치했어요.
이런 장보고의 활약으로 신라와 당나라, 일본 간의 무역은 더 활발하게 이루어질 수 있었답니다.

장도의 청해진

퀴즈 '해상왕'이라 불리며 청해진을 중심으로 활약했던 인물은?　① 엔히크　② 장보고

콜럼버스의 탐험

*미열 그다지 높지 않은 몸의 열.

***상선** 대가를 받고 사람이나 짐을 나르는 데에 쓰는 배.

아무래도 세우타가 아닌, 다른 곳으로 간 것 같아.

흠~
엔히크 왕자를 포기했다고? 그럴 리 없어!

엔히크 왕자를 포기해도 괜찮은 이유라면?
이유?

엔히크를 대신할 사람이 있다면 모를까….
바로 그거야!

엔히크를 대신할 만한 인물이 이 시대에 또 누가 있지?
한 사람이 떠오르긴 해.
누구?

*추리 알고 있는 것을 바탕으로 알지 못하는 것을 미루어서 생각함.

*후원 뒤에서 물품이나 돈 등으로 지지하고 도와줌.

*실크 명주실 또는 명주실로 짠 천.
*마르코 폴로 이탈리아의 여행가이자 상인으로, 원나라 등 아시아를 여행하고 유럽에 알림.

*열정 어떤 일에 열렬한 애정을 가지고 열중하는 마음.
*의욕 무엇을 하고자 하는 적극적인 마음이나 욕망.

*유능(97쪽) 어떤 일을 남들보다 잘하는 능력이 있음.
*파격(97쪽) 일정한 격식을 깨뜨림.

*유능한 탐험가
콜럼버스 씨에게…
슥슥

…콜럼버스 씨, 당신을 믿고 탐험과 항해에
필요한 모든 권한을 위임하겠습니다.
그뿐만 아니라 항해에 필요한 최고급 배와
선원들의 월급, 필요한 모든 장비들을
제공하겠습니다. 그리고…
슥슥슥

공주님 이건 지나치게
*파격적인 조건인데요?

다 생각이 있으니까
걱정 말고 편지나
전하고 와.

콜럼버스 (1450년~1506년)

이탈리아 출신의 탐험가이자 항해가예요. 1492년 이사벨 1세의 후원을 받아 대서양 서쪽으로 탐험을 떠났어요. 그는 대서양 서쪽으로만 가면 분명 인도를 비롯한 아시아가 나올 거로 생각했어요. 이것은 틀리지는 않지만, 실제로 스페인에서 아시아까지의 거리는 그가 예상했던 것보다 훨씬 멀었지요. 콜럼버스 일행은 출항한 지 3개월 만에 육지에 닿았고, 콜럼버스는 그곳이 인도라고 믿었지만 사실은 아메리카 대륙이었어요.

***거액** 아주 많은 액수의 돈.

으악!
아이코!
통
사뿐

여기도 하트 공주의
발자국은 안 보여.
며칠이 지났으니
그럴 수밖에.

후유~
그래!

***모종삽** 어린 식물을 옮겨 심을 때에 사용하는, 흙손만 한 작은 삽.

***고대하다** 몹시 기다리다.
***경로** 지나는 길.

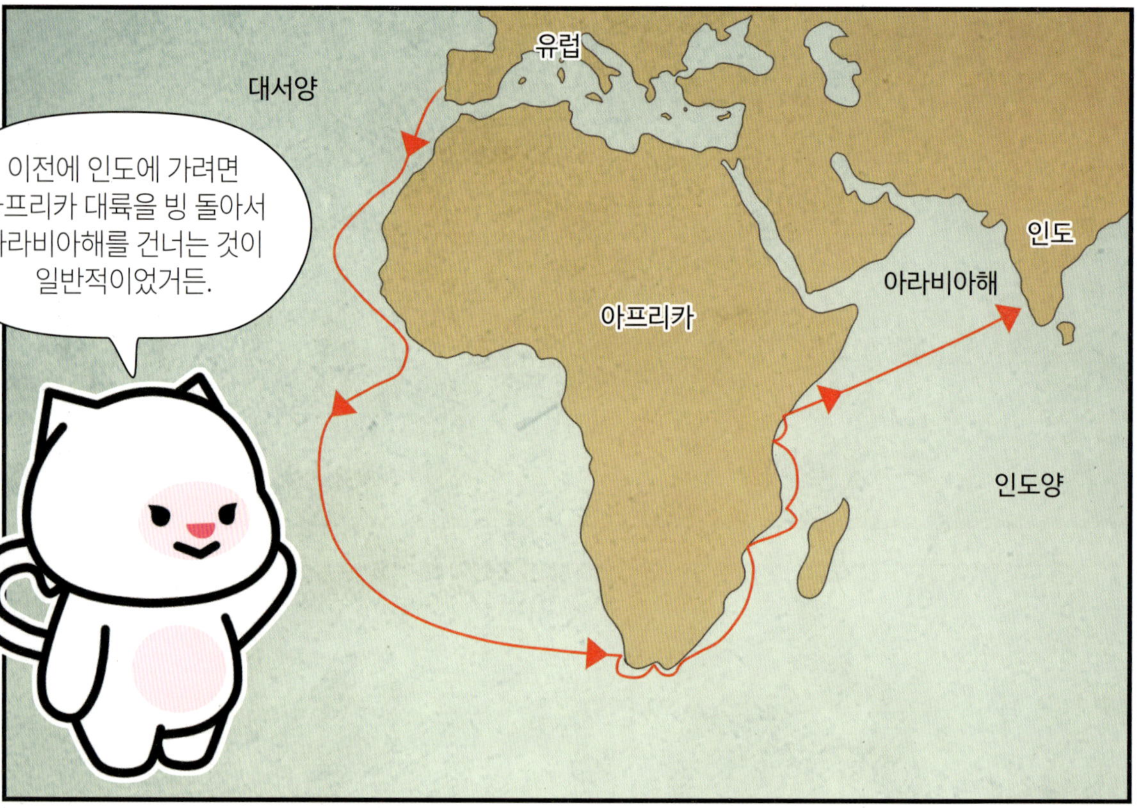

*가로지르다 어떤 곳을 가로 방향으로 질러서 지나다.

***상륙** 배에서 육지로 오름.
***아메리카** 태평양과 대서양의 경계를 이루는 지구의 여섯 대륙 중 하나.

*낭떠러지 깎아지른 듯한 언덕.
*증명 어떤 사항이나 판단 따위에 대해 그것이 진실인지 아닌지 증거를 들어서 밝힘.

***일주** 일정한 경로를 한 바퀴 돎.
***문명** 인류가 이룩한 물질적, 기술적, 사회 구조적인 발전.

***라틴 아메리카** 아메리카에서 과거에 라틴 민족의 지배를 받았던 지역을 통틀어 이르는 말.
***식민지** 정치적·경제적으로 다른 나라의 지배 아래, 국가로서의 주권을 잃은 나라.

*투자자 이익을 얻기 위해 어떤 일이나 사업에 자본을 대거나 시간과 정성을 쏟는 사람.
*지원 지지하여 도움.

***미행** 다른 사람의 행동을 감시하거나 증거를 잡기 위하여 그 사람 몰래 뒤를 밟음.
***용납** 너그러운 마음으로 남의 말이나 행동을 받아들임.

*전자 두 가지의 사물이나 사람을 들어 말할 때, 먼저 든 사물이나 사람.

콜럼버스가 곧 하트 공주를 만난다는 사실을 알았으니 우리도 *작전을 세워야겠지?

내가 생각한 작전이 있는데 한번 들어 봐.

얼씨구절씨구, 이러쿵저러쿵…. 속닥속닥….
알겠지? 이번에는 나만 믿고 따라와!
척
뭐 해? 어서 가자!
후다다닥
냥이야, 혹시 이해했니?
얼씨구가 뭐야?

*작전 어떤 일을 이루기 위해 필요한 조치나 방법을 강구하거나 실행함.
*항구 배가 안전하게 드나들도록 강가나 바닷가에 부두 따위를 설비한 곳.

*낭패 계획한 일이 실패로 돌아가거나 기대에 어긋나 매우 딱하게 됨.
*담판 서로 맞선 관계에 있는 쌍방이 의논하여 옳고 그름을 판단함.

*예상 어떤 일을 직접 당하기 전에 미리 생각하여 둠. 또는 그런 내용.
*서신 안부, 소식, 용무 따위를 적어 보내는 글.

똑똑똑
하트 공주님! 들어가도 될까요?

콜럼버스 님!
어서 들어오세요.
휙

덜컹
짠~ 속았죠?
너희가 어떻게…!
냥!

하트 공주의 가방! 저기에 마법 카드가 들어 있어!

냥이야, 부탁해!
탁탁탁
오케이!

아얏!
팟
탁
이제 작전의 마지막 *단계야!
뭘 해야 하는데?

타타타탓
이 도둑들아! 다시 가져오지 못해!
재빨리 도망치기!

콜럼버스 씨가 도착했습니다.
하필 이때!
빠직

인사드립니다. 콜럼버스입니다.
만나서 반가워요.

*본론 말이나 글에서 주장이나 의견이 있는 부분.

드드드
드드
끄아아아악~!
어떻게 된 거야?
빈 가방이잖아!

전에 가방에서
카드 꺼내는 걸
봤는데…

미안해.
마법 카드를
미리 빼놨나 봐.

앗!
콜럼버스가…
탐험의 역사가 모두
*소멸되고 있어!
스스스스스
콜럼버스가
하트 공주에게
잡혔구나!

***소멸** 사라져 없어짐.

마젤란의 세계 일주 항해

스페인에서 콜럼버스의 뒤를 이어 신항로 개척에 나선 사람은 포르투갈 출신의 마젤란이에요. 아프리카 해안을 따라 항해한 포르투갈 탐험대와 달리, 마젤란은 곧장 대서양으로 향했어요. 남아메리카를 따라 대서양 남쪽으로 계속 내려간 뒤, 훗날 '마젤란 해협'이라 부르게 되는 좁고 험한 해협을 통과하고서야 비로소 태평양에 도착할 수 있었어요. 묵묵히 항해를 이어간 마젤란 함대는 1521년에 마침내 필리핀에 도착합니다. 하지만 기쁨도 잠시. 마젤란은 이곳 원주민과의 전투에서 목숨을 잃고 말아요. 살아남은 동료들이 인도양과 아프리카를 거쳐 1522년 스페인으로 귀환함으로써 마젤란 함대가 세계 일주 항해에 성공했음이 알려집니다.

콜럼버스의 교환

'콜럼버스의 교환'이라는 말이 있어요. 콜럼버스가 대서양 항로를 개척한 이후 아메리카와 유럽 두 대륙 사이에서 이루어진 동식물과 자원, 문화 등의 교류와 그 결과 생긴 변화 등을 뜻하지요. 예를 들어 유럽의 밀과 올리브, 포도가 아메리카로 전해졌고, 아메리카 대륙의 감자와 토마토, 옥수수 등이 유럽에서 재배되기 시작한 거예요. 특히 감자는 유럽의 중요한 식재료가 되었지요. 그런데 유럽인들이 아메리카에 전한 것 중에는 홍역, 천연두, 장티푸스 같은 치명적인 감염병도 있었어요. 물론 뜻하지 않게 우연히 전해졌지만, 당시까지 아메리카 원주민들은 이런 질병들에 대한 면역력이 없었기 때문에 많은 사람이 목숨을 잃었어요.

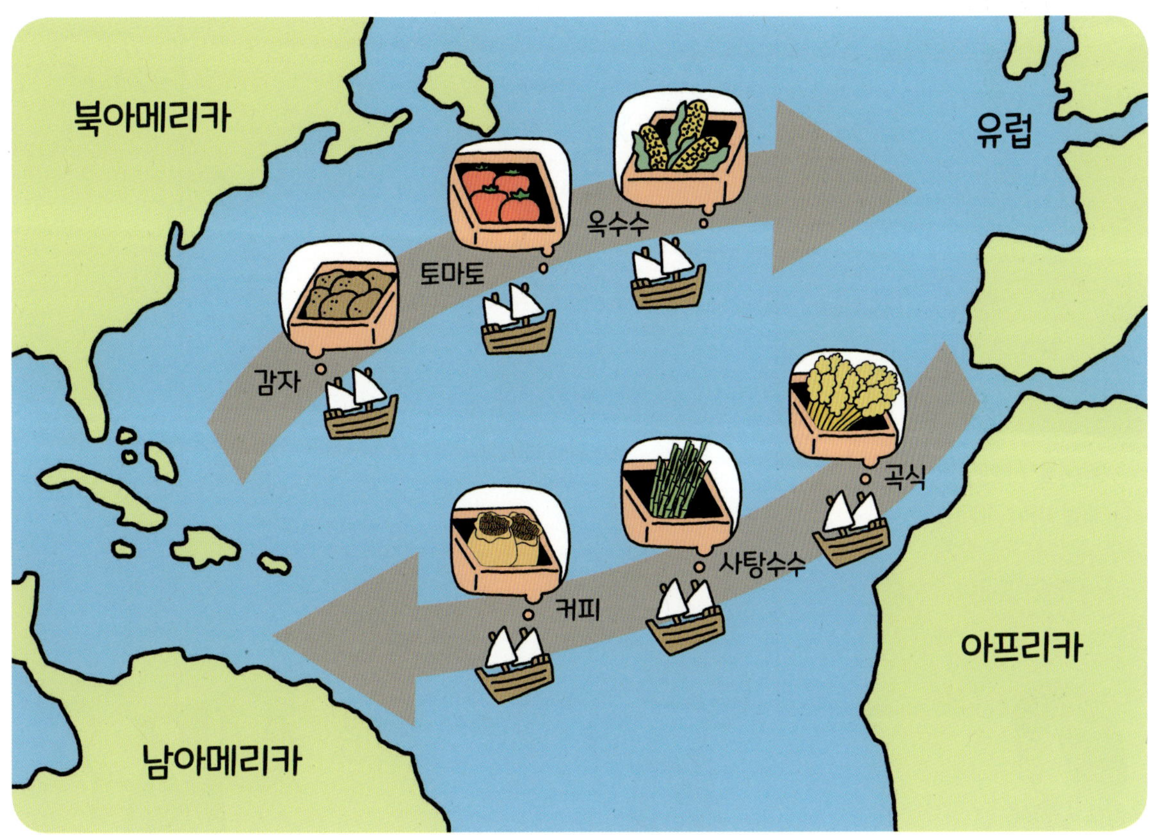

지구를 절반으로 나눈 토르데시야스 조약

1494년 6월, 스페인과 포르투갈은 '토르데시야스 조약'을 맺었어요.
대서양 한가운데를 기준으로 세로로 줄을 죽 그은 다음, 앞으로 새로
발견되는 땅의 서쪽은 스페인이, 동쪽 부분은 포르투갈이 차지하기로
약속한 것이지요. 신항로 개척 과정에서 두 나라가 영토 문제로 번번이
갈등을 일으키자 교황의 중재로 이러한 조약을 맺게 된 것입니다.
오늘날 스페인어를 공용어로 쓰는 남아메리카에서 오직 브라질만
포르투갈어를 사용하는 이유도 바로 이 조약 때문이에요.

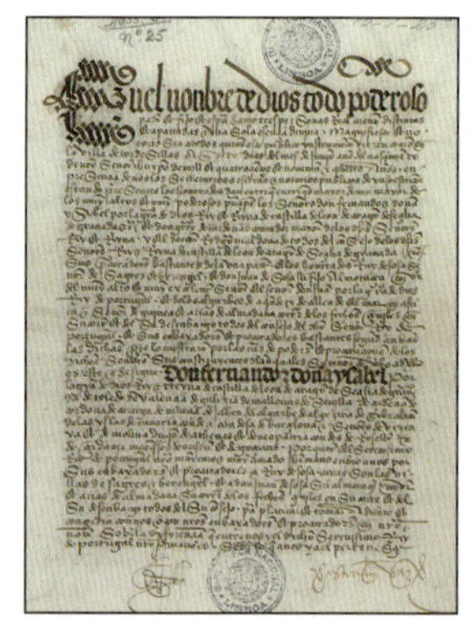

토르데시야스 조약 문서

조선에 들어온 외래 작물

아메리카에서 유럽으로 건너간 감자와 담배, 고추 등의 농작물은 드디어 조선에도 전해져요.
담배와 고추는 임진왜란 무렵 조선에 들어왔는데, 고춧가루에 빨갛게 버무린 매운 김치는 이때
처음 등장했지요. 그런데 조선에 들어온 외래 작물 중 가장 인기가 좋았던 것은 담배라고 해요.
17세기에 조선을 다녀간 네덜란드인 하멜은 '조선인들은 남녀노소 누구나 담배를 피운다'라고
기록했을 정도니까요. 고구마와 감자는 조선 후기인 19세기에 전해졌는데, 평야보다 산이 많아
벼농사를 짓기 어려운 강원도 지방에서 많이 재배했어요. 특히, 흉년으로 먹을 것이 부족할 때
가난한 백성들이 식량으로 먹는 구황 작물로 유용해서, 재배법을 알려 주는 책까지 쓰여졌어요.

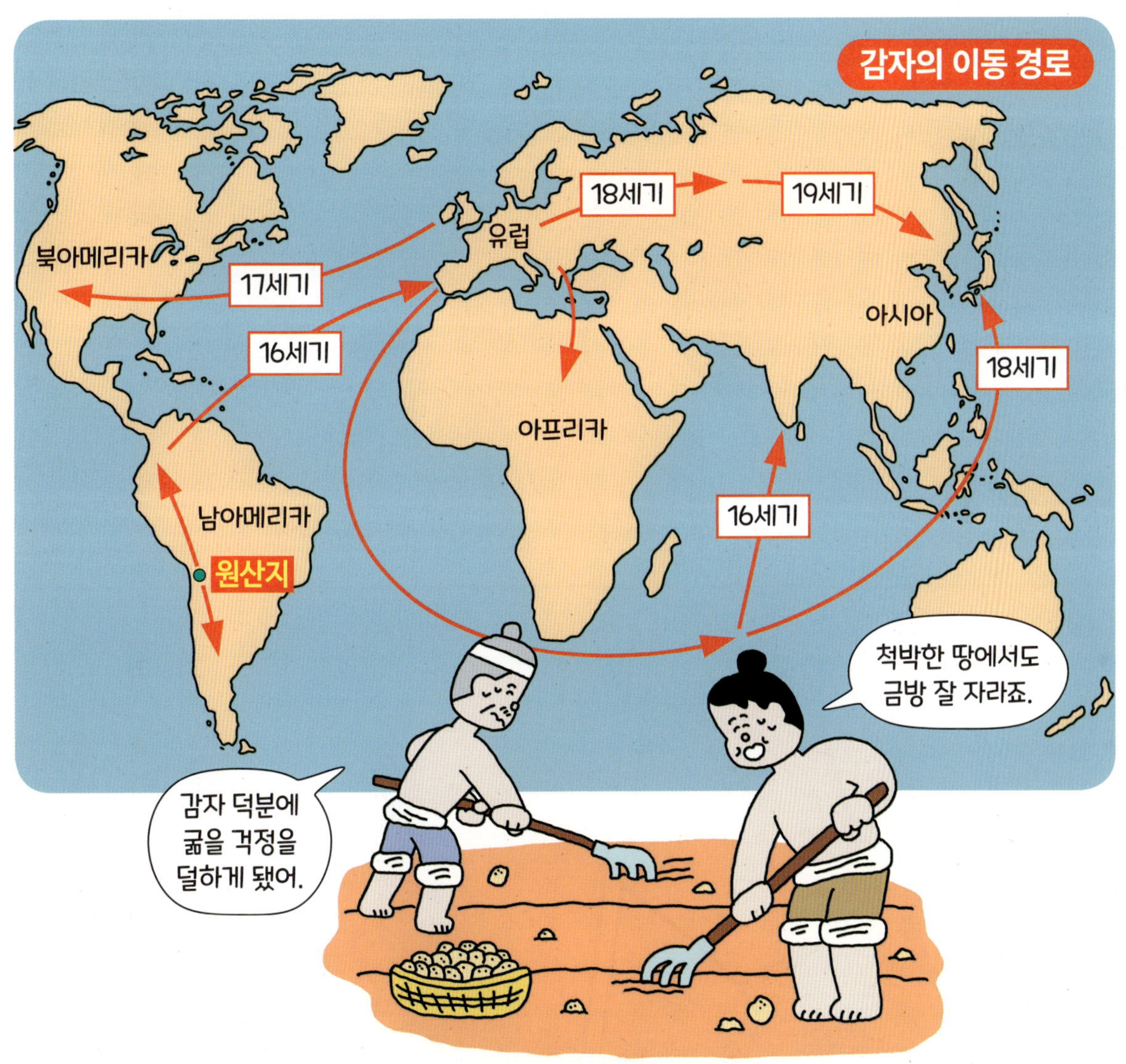

퀴즈 아메리카 대륙이 원산지로, 19세기 무렵 조선에 전해진 농작물은?　① 파인애플　② 감자

펠리페 2세와 스페인의 황금시대

*명상 고요히 눈을 감고 깊이 생각함. 또는 그런 생각.

잠깐만요, 공주님!
헉 헉

가방을 훔쳐 갈 땐 언제고 왜 다시 돌아왔지?

혹시 이걸 찾는 거야?
콜럼버스
!

툭
해… 해리야!
공주님! 제발 카드에 갇힌 인물을 풀어 주세요!
저희가 졌어요. 인정할게요!
호호호! 진작 이럴 것이지!

*함선(125쪽) 군함, 선박 따위를 통틀어 이르는 말.
*위력(125쪽) 상대를 압도할 만큼 강력함. 또는 그런 힘.

이번 목표는 누구인가요?
내가 갖고 싶은 건 바로 저거야!
이걸 마법 카드 한 장에 모두 담긴 힘들겠지?
웅성
웅성
군인들이 타는 *함선을요?
저기 대포 좀 봐. *위력이 엄청나겠는데?

*해군 주로 바다에서 공격과 방어의 임무를 수행하는 군대.
*레판토 해전 1571년에 그리스 레판토 항구 앞바다에서 기독교 연합 함대가 오스만 제국의 함대와 싸워 크게 이긴 해전.

***영특** 남달리 뛰어나고 훌륭하다.

펠리페 2세 (1527년~1598년)

스페인의 국왕 카를로스 1세와 포르투갈의 공주 이사벨 사이에서
태어났어요. 그래서 스페인의 국왕으로서 포르투갈까지 지배했지요.
또한 잉글랜드와 아일랜드 왕국의 여왕인 메리 1세와 결혼하여
잉글랜드 왕국의 명예왕에 오르기도 했어요. 로마 가톨릭에 대한
믿음이 특히 두터워서 유럽의 가톨릭 국가들과 신성 동맹을 결성,
오스만 제국과 맞선 레판토 해전을 승리로 이끌기도 했습니다.
스페인의 최전성기를 이끈 강력한 통치자로서, 대표적인 절대 군주
가운데 한 사람으로 손꼽혀요. 밤낮이 반대인 지구 반대편까지
식민지를 가지고 있어서 흔히 '해가 지지 않는 나라'라고 표현하는
거대 제국을 영국보다 한발 먼저 만든 것도 바로 펠리페 2세예요.

***황금시대(128쪽)** 사회의 진보가 최고조에 이르러 행복과 평화가 가득 찬 시대.
***영토** 국제법에서, 국가의 통치권이 미치는 구역.

129

*반란 정부나 지도자 따위에 반대하여 내란을 일으킴.
*전수 기술이나 지식 따위를 전하여 줌.

펠리페 2세를 내 신하로
만들면 그가 가진 것이 전부
내 것이 되잖아. 안 그래?
아… 암요! 공주님이
힘들게 뭘 하실 필요가
전~혀 없죠! 맞습니다.
그… 그렇게
되는 건가요?
삐질

자, 그럼 펠리페 2세를
만나러 가보실까?
옙!

이쪽입니다!
또각
또각

문을 열어라!
하트 공주님이
펠리페 2세 폐하를
만나러 오셨다!
우리가
혼나기 전에
빨리빨리
열지 못해?
고래 고래

***서류** 글자로 기록한 문서를 통틀어 이르는 말.

*심사숙고 깊이 잘 생각함.
*서명 자기의 이름을 써넣음. 또는 써넣은 것.

***수도원** 가톨릭에서 수사나 수녀가 일정한 규율 아래 공동생활을 하면서 수행하는 곳.

***전성기** 형세나 세력 따위가 한창 왕성한 시기.
***성주** 성의 우두머리.

그런데 펠리페 2세는 오직 자신에게 모든 힘과 권력이 집중되도록 했어.
나에게 충성을 맹세한 너희가 각 지역을 다스리도록 하라!
충성을 다하겠습니다!

폐하 만세!
이것이 바로 절대 왕정이지! 음하하하!
무슨 일이든 보고하겠습니다!
충성!
직접 임명한 관리들에게 각 지역을 다스리게 했구나!

***위엄** 존경할 만한 위세가 있어 점잖고 엄숙함. 또는 그런 태도나 기세.
***행방** 간 곳이나 방향.

공주가 궁궐로
들어가지 않고
되돌아갔어.
무슨 일이지?
왜 그랬을까?
띵?

이왕 왔으니 우린
궁궐로 들어가자.
척

그래, 공주는 결국
펠리페 2세 앞에
나타날 테니까.

멈춰라!
웬 녀석들이냐!
척
헉!

공주가 못 들어간
이유를 알겠어.
그러게.
굽적

난 가능할지도 몰라!
내가 먼저 들어가서
문을 열어 줄게.
좋은
생각이야!
그래, 고양이를
누가 의심하겠어?
역시! 아무런 제지도
받지 않는군.
성공이다!
냐아~
캬악!
하약!
무슨
소리지?
예상 못한
변수야!
컹컹
도망가자!
파바밧

***절이다** 식재료를 소금기나 식초, 설탕 등에 담가 배어들게 하다.
***건조** 물기나 습기가 말라서 없어짐. 또는 물기나 습기를 말려서 없앰.

***산사태** 폭우나 지진, 화산 따위로 산 중턱의 바윗돌이나 흙이 갑자기 무너져 내리는 현상.
***매진** 하나도 남김없이 모두 다 팔림.

*연회 축하, 위로, 환영, 헤어짐 따위를 위하여 여러 사람이 모여 베푸는 잔치.
*납품 계약한 곳에 주문받은 물품을 가져다줌.

우아⋯.
멋진 음악까지!
궁궐 연회는 볼 것도, 먹을 것도 많구나!
웅성 웅성

정신 차리자! 우린 놀러 온 게 아냐!
아⋯ 나도 모르게 그만 분위기에 취했어.

*격무에 지친 펠리페 2세 폐하를 위해 왕국 최고의 재주꾼들을 불렀습니다.

***격무** 몹시 고된 업무.

144

*쇼 춤과 노래 따위를 엮어 무대에 올리는 오락.
*광대 가면극, 인형극, 줄타기, 재주넘기, 노래 따위를 하던 직업적 예능인을 통틀어 이르던 말.

마법사 하트,
펠리페 2세 폐하께
인사드립니다.
휘리릭
그래, 넌 어떤
재주가 있지?
카드 마술을
보여 드리죠.
세상 어디서도
본 적 없었을….
바로 이것!
팟
휘청
으윽!

146

*포위(147쪽) 주위를 에워쌈.

저 광대들을
잡아라!

내 마법 카드!
두리번

혹시 이걸
찾으시나요?
찰라락
이…
이런!

척
어떡하죠,
공주님?
완전히
*포위당했어요.
척

어쩌긴!
일단 이곳을
벗어나자!
꾹!

파아아아앙
하아아압!
어엇! 내… 몸이…!
몸이 돌처럼 굳고 있어!
찌릿
찌릿

무슨 짓을 한 거예요?
찌리릿
10분만 그렇게 있도록 해. 후훗!

어서 가자, 가로 세로!

잠깐만요. 카드를 다시 뺏어야죠!
좋은 생각!

아… 안 돼!
끄응~! 안 빠지네.
덥썩

빨리 와! 소용없어!
네네, 갑니다요!
다다다다

너희들, 두고 봐!

헤헤, 이번엔 성공이다!
낼름~

어? 마법이 풀렸다!
휴~ 10분이 10시간 같았어.
하아~
툭 툭
자, 그럼 제대로 끝내야지?
찌익
스스스

성공이다!
짝!
모두 수고했어!

공주가 순순히 이상한 나라로 돌아가지는 않겠지?
슥

아마도. 하지만 이제 남은 카드가 얼마 없을 거야.
하긴!

이번엔 어디로 갔을까?
짐작 가는 곳이 있어.

아까 공주가 이걸 떨어뜨리고 갔거든.
척
?

무적함대로 유럽을 제패한 스페인

펠리페 2세가 다스리던 스페인은 '무적함대'라는 강력한 해군 함대를 거느리고 있었어요.
무적함대가 명성을 떨치게 된 것은 1571년 10월 7일 벌어진 레판토 해전 이후부터지요.
레판토 해전은 스페인을 포함한 가톨릭
국가들의 연합 함대가 이슬람교 국가인
오스만 제국의 함대를 그리스의
레판토 앞바다에서 크게
무찌른 전투예요.

퀴즈 펠리페 2세 당시 스페인의 해군 함대 이름은?   ① 무적함대   ② 어벤져스

레판토 해전은 지중해 동쪽과 아프리카 북부 지역을 차지하고 있던
오스만 제국이 가톨릭 세력 아래에 있던 베네치아령 키프로스섬을
점령하면서 벌어졌어요. 스페인과 가톨릭 국가들은
오스만 제국의 침범을 막기 위해 연합 함대를 구성했지요.
무적함대에게 혼쭐이 난 오스만 제국은 이후
지중해 서쪽으로 진출하지 못했어요.

유럽의 절대 왕정

펠리페 2세는 나라의 그 어떤 법률이나 기관보다도 왕인 자신이 더 절대적인 힘을 가지는 '절대 왕정'으로 스페인을 다스렸어요. 이후 다른 유럽 국가들도 속속 절대 왕정 체제를 갖추었지요. 절대 군주들은 '왕의 권력은 신이 준 것'이라는 '왕권신수설'을 주장했어요.

스페인 펠리페 2세
(1527년~1598년)

레판토 해전을 주도적으로 이끌어 이슬람 세계를 물리친 영웅이자 스페인을 절대 왕정 체제로 바꾼 주인공이에요. 전국 각지에 총독을 파견해서 제국 전체를 통치하는 확실한 중앙집권체제를 만들었지요. 펠리페 2세 당시 스페인은 최고 전성기를 누립니다.

다섯 살 생일이 채 되기도 전에 왕위에 올라, 유럽의 군주 중 가장 오래 왕좌에 머문 기록을 가지고 있어요. 루이 14세가 활동한 17세기 후반을 '루이 14세 시대'라고 부를 만큼 절대적 힘을 가진 왕으로 군림했지요. 별명까지도 '태양왕'인, 절대 군주의 전형이었습니다.

프랑스 루이 14세
(1638년~1715년)

영국 엘리자베스 1세
(1533년~1603년)

공공연히 "나는 국가와 결혼하였다"라고 말할 만큼 나랏일에 열정을 쏟았어요. 강력한 지도력을 바탕으로 절대 왕정 체제를 만들어 45년간 잉글랜드를 다스렸지요. 유럽의 후진국이었던 작은 섬나라가 거대한 제국으로 발전하는 기틀을 마련했어요.

서유럽 국가들보다 발전이 늦은 러시아를 근대화하기 위해 누구보다 열심히 노력한 절대 군주예요. 서유럽의 앞선 문물과 기술을 배우기 위해 사절단을 파견하고, 자신도 신분을 감춰가며 함께 공부했지요. 러시아가 강대국으로 성장하는 계기를 만들었어요.

러시아 표트르 대제
(1672년~1725년)

프로이센(독일) 프리드리히 2세
(1712년~1786년)

영토 전쟁을 잇달아 승리로 이끌어 프로이센을 강대국으로 거듭나게 했어요. 국가를 통치하는 능력도 뛰어나 프로이센을 유럽 최강의 군사 대국으로 성장시켰지요. 전제 군주이지만 예술에 관심이 많고 자비로움을 겸비한 지도자였습니다.

퀴즈 '태양왕'이라는 별명을 가진, 절대 왕정을 대표하는 인물은?
① 루이 14세 ② 베토벤

영원한 영웅, 충무공 이순신

유럽의 역사를 바꾼 레판토 해전처럼 우리나라에도 유명한 해전이 있어요.
임진왜란 당시 충무공 이순신 장군이 활약한 한산도 대첩과 명량 대첩이 대표적입니다.
임진왜란은 왜나라 일본이 1592년 임진년에 조선을 침략하면서 시작된 전쟁이에요.
이순신 장군은 옥포 앞바다에서 첫 승리를 거둔 뒤, 1598년 노량 해전에서 전사할 때까지
스무 번 이상의 전투를 모두 승리로 이끌었어요. 이순신 장군의 눈부신 활약으로 일본군은
조선에서 물러날 수밖에 없었고, 마침내 끔찍한 전쟁이 끝날 수 있었어요.

퀴즈 임진왜란 당시 조선 수군을 이끌며 모든 해전에서 승리한 장군은?
① 펠리페 2세 ② 이순신

ⓒ 天才교육

천재 화가 피카소

***기필코** 틀림없이 꼭.
***품격(157쪽)** 사람 된 바탕과 타고난 성품.
***자원(157쪽)** 인간 생활 및 경제 생산에 이용되는 원료.

오~ 준비성 철저한 우리 공주님!
그럼 여기서는 누구를 찾으면 되나요?

스페인을 대표하는 예술가야.

나라를 세우는 데 예술가까지요?
차라리 용감한 장군을 더 데려가는 게….
띵?

모르는 소리!

아름다운 예술은 국민의 *품격을 높여 줄 뿐 아니라 모두를 하나로 연결하는 좋은 수단이 되지.
그 자체로 관광 *자원이 되기도 하고 말이야.

***바르셀로나** 스페인 동북부의 카탈루냐 지방에 있는 항구 도시.

그럴 필요 없어.
공주는 이곳에 오지
않았으니까.
우쭐
엥?

왜?
공주와
다른 시대로
왔다고?

내가 아까 보여 준
이 그림이 누구의
작품인지 알아?

…누구의 작품인지는
사실 모르겠어.
많이 보긴
했는데….
긁적

바로,
피카소야!

스페인을 대표하는 화가이자 20세기를 대표하는 예술가예요.
어린 시절 이미 미술 교사인 아버지를 실력으로 압도했다고 하지요.
성인이 되어서는 프랑스 파리에 주로 머물며 미술 활동을 했는데,
당시 프랑스를 중심으로 유행한 입체주의를 적극적으로 받아들여
20세기를 대표하는 입체주의 화가가 되었어요. 입체주의는 하나의
화폭에 다양한 각도에서 바라본 입체적인 형태를 담는 기법이지요.
피카소는 여느 예술가들과 다르게, 작품을 통하여 사회적인 문제를
고발하는 일에도 적극적이었어요. 스페인 내전 중 벌어진 게르니카
학살 사건을 고발하는 《게르니카》가 바로 그것이지요.

160

*이르다 미리 알려 주다.

***입학** 학생이 되어 공부하기 위해 학교에 들어감.

***신상 명세** 한 사람에 대한 정보를 상세히 적은 것.

파블로는 사실 굉장히 흔한 이름이거든요.
파… 파블로가 한두 명이 아니잖아!
그걸 몰랐네!
쿵~!!
꽈당!

댕 댕 댕
파블로가 여러 명인 건 미처 예상 못했어. 이제 어떡하지?
학교 앞에서 마냥 기다릴 수도 없는 노릇이고….
호음
오늘 브루노가 파티를 연대. 같이 가자!
좋지!
우르르르

근데 파블로는 어떡하지?
파티에 데려가기엔
아직 어린데….

난 괜찮으니까
형들끼리 다녀와.

미안하다,
꼬맹아!

잠시 후
안녕, 고양이야?
난 파블로라고 해.
널 그린 건데, 한번
봐 줄래?
나를?
척

우아, 엄청 잘 그렸어!
실물이랑 똑같아!
짜잔~

미술 학교 학생이구나?
넌 이름이 뭐니?

내 이름은 '파블로 디에고 호세 프란시스코 데 파울라 후안 네포무세노 마리아 데 로스 레메디오스 시프리아노 데 라 산티시마 트리니다드 마르티르 파트리시오 클리토 루이스 이 피카소'야.
엄청 길어!
떠벌 떠벌
쿵!
이걸 다 외운다고?

보통 파블로 루이스 피카소라고 부르지.
까닥

야호, 찾았다!
?

…무슨 말인지 알겠어?
음… 아니!

다시 한 번 얘기할게.
스물일곱 번째 이야기하는 거니까 잘 들어.
??
후유~

가로 세로로 카드 옷을 입은 사람 둘과 화려한 옷을 입은 여자를 조심해야 돼!
세 사람이 보이면 무조건 피해!
알겠어. 꼭 그럴게.
끄덕

계속 똑같이 말했는데 왜 이번엔 알아듣는 건데?
진작 이럴 것이지!
버럭

1937년 스페인
웅성
웅성

제가 피카소인데 왜 찾으셨죠?
요리
조리
직업은?

의사 입니다.
✕
탈락!

다음!
안녕하세요, 피카소예요.
끄덕

*존재 현실에 실제로 있음. 또는 그런 대상.
*능력 일을 감당해 낼 수 있는 힘.

***떳떳하다** 굽힐 것이 없이 당당하다.

*입구 들어가는 통로.
*화풍(171쪽) 그림을 그리는 방식이나 양식.

짠~
이건 내가 1907년에 완성한 <아비뇽의 처녀들>이라는 작품이야.
사람들 얼굴이 앞모습처럼 보이데 한편으로는 옆모습 같기도 해.
입체적인 느낌이 나네.
재미난 시도야!
잘 봤어. 보이는 것뿐만 아니라 볼 수 있는 모습까지 전부 표현하고 싶었거든.
이런 *화풍을 '입체주의'라고 해.

난 프랑스에서 입체파 화가로 활동하고 있어.
물론 너희의 충고도 잊지 않고 말이야.

여긴 내 작업실이야.
요즘 *작업 중인 그림도
보여 줄게.
척

헉!
쿵!
우아앗!

두둥~!
이거 아까
해리가 보여 준
그림 맞지?
응, 근데 이게
이렇게 큰 그림
이었다니!
엄청나다!

***작업** 일을 함. 또는 그 일.

*고뇌 마음이 괴로움.

*쇠퇴 상태가 약해져서 전보다 못하게 변함.

*이념 가장 완전하다고 여겨지는 생각이나 의견.

*쿠데타 군인을 동원해 정치 권력을 빼앗는 일.
*나치 히틀러를 우두머리로 1919년에 결성한 독일의 정당. 제2차 세계 대전을 일으킴.

***폭격** 비행기에서 폭탄을 떨어뜨려 땅 위의 목표물을 파괴하는 일.
***민간인** 군인 등 특수한 신분이 아닌 일반 사람.
***조국** 자기가 속하여 있는 나라.

*참상 비참하고 끔찍한 상태나 상황.
*부당 이치에 맞지 아니함.

***독재자** 모든 권력을 차지하고 모든 일을 남과 상의하지 않고 혼자서 판단하고 결정하는 사람
***군림** 왕으로서 나라를 거느려 다스림.

*민주주의 국민이 권력을 가지고 그 권력을 스스로 행사하는 제도.
*소재 어떤 것을 만들거나 예술 활동을 할 때 선택하는 재료.
*학살 가혹하게 마구 죽임.

***인연** 사람들 사이에 맺어지는 관계.

*면목 남을 대할 만한 체면.
*동명이인 같은 이름을 가진 서로 다른 사람.

우리도 이제 돌아갈까?
그러자.
안심해도 되겠어.

해리와 솔이, 두 사람 덕분에 이번에도 무사히 위기를 넘겼어.
별말을! 냥이가 없었다면 불가능했어.
척

이상한 나라 도서관에 누가 먼저 도착하나 시합할까?
어쭈? 도전이냐?
타타타탁

피카소, 아픈 역사를 예술로 승화시키다!

20세기 최고의 미술가로 손꼽히는 피카소! 그의 대표 작품은 단연 <게르니카>입니다. 이 작품은 피카소의 조국 스페인에서 일어난 '게르니카 폭격' 사건이 배경이에요. 스페인 내전이 한창이던 1937년, 스페인의 독재자 프랑코와 독일의 히틀러가 벌인 끔찍한 전쟁 범죄이지요. 두 독재자의 만행은 피카소의 그림을 통해 세상에 더 널리 알려질 수 있었습니다. 또, 피카소는 1951년에 <한국에서의 학살>이라는 작품도 발표했어요. 제목에서 알 수 있듯, 이 그림의 배경은 1950년 우리나라에서 벌어진 6·25 한국 전쟁이에요. 사실 피카소는 한국과 아무런 관련이 없었지만, 먼 나라에서 일어난 전쟁에도 그는 가슴 아파했던 것입니다.

퀴즈 피카소의 작품 <게르니카>의 배경이 된 도시는?　① 게르니카　② 하모니카

천재 건축가 가우디

피카소가 미술계의 천재라면, 건축 분야에서는 단연 가우디를 손꼽습니다. 스페인 제 2의 도시 바르셀로나에서 주로 활동한 안토니 가우디는 '스페인 건축의 아버지'라고 불리는 세계적인 건축가예요. 지금도 바르셀로나 곳곳에서 그가 남긴 위대한 건축물을 만날 수 있어요.

구엘 공원
가우디는 도시로 계획했지만 나중에 공원으로 바뀌었다고 해요. 아름다운 곡선과 화려한 색채의 모자이크 장식이 특히 멋져요.

카사 밀라
'밀라'라는 사람이 가우디에게 의뢰해 지은 집이에요. 스페인어로 '카사'는 '집'이라는 뜻이지요. 카사 밀라는 옥상이 아름답기로 유명해요.

사그라다 파밀리아 대성당
가우디의 손길이 닿은 마지막 건물이자 그가 추구한 모든 건축 요소가 담긴 최고의 걸작으로 평가받아요. 1882년부터 현재까지 계속 건축이 진행 중이에요.

스페인의 축제들

발렌시아 불꽃 축제

스페인 발렌시아에서는 매년 3월에 '발렌시아 파야스 축제'를 열어요. '파야'라고 부르는 거대한 인형을 만들어 거리 곳곳을 장식했다가 축제 마지막 날에 화려한 불꽃놀이와 함께 이 인형들을 모두 불태워 버리지요. 돌아온 봄을 맞아 해묵은 것들을 말끔히 털어 낸다는 의미라고 해요. 스페인어 '파야'는 불꽃이라는 뜻입니다.

소몰이 축제

매년 7월 스페인 팜플로나에서 열리는 산 페르민 축제의 일부예요. 투우 경기에 사용될 황소들을 풀어 놓고 달리는 소들을 피해 달아나는 스릴 넘치는 행사지요.

토마토 축제

매년 8월 스페인 부뇰에서는 '토마티나'라는 토마토 축제가 열려요. 수만 명의 참가자들이 잘 익은 토마토를 마구 던지며 토마토 범벅이 된 채 뒹굴고 뛰어다니며 즐기는 축제이지요. 1940년대 토마토 가격의 폭락에 항의하던 농민 시위에서 유래한 축제예요.

한반도의 평화를 기원한 피카소

ⓒ 윤문

듬이와 구엘 공원을 산책하던 냥이가 길을 잃어버렸어요.
무사히 길을 찾고 듬이를 만나도록 문제를 맞혀 보세요.

START

출발
한다~옹!

이사벨 1세가 마지막으로
점령함으로써 레콩키스타를
완성한 스페인의 도시는?

파리

그라나다

일찍부터 대서양을 통한
신항로 개척을 위해 노력한
포르투갈의 왕자는?

엔히크

이사벨 1세

레판토 해전을 승리로
이끌고 막강한 권력을 가진
절대 왕정을 수립한 왕은?

펠리페 2세

루이 14세

스페인에서 출발하여 대서양과 태평양을 건너 다시 스페인에 귀환함으로써 지구가 둥글다는 것을 증명한 함대는?
마젤란 함대
콜럼버스 함대
<아비뇽의 처녀들>, <게르니카> 등을 그린 스페인의 천재 화가는?
피카소
STOP
달리
스페인의 천재 건축가 가우디의 작품으로, 현재까지도 건축이 진행 중인 건축물은?
카사 밀라
사그라다 파밀리아 대성당 (성가족 성당)
도착 했다냥!
GOAL

영국

프랑스

스페인

러시아

독일

표트르 대제

펠리페 2세

엘리자베스 1세

프리드리히 2세

루이 14세

45년간 군림하며 작은 섬나라였던 조국을 큰 제국으로 발전시켰어요.

주변 국가들과의 영토 전쟁을 벌였고 여러 가지 합리적인 개혁 정책을 실시했어요.

'태양왕'이라 불리며 오랫동안 절대 군주로 군림했어요. 베르사유 궁전을 지었어요.

유럽을 대표해 이슬람 세계를 물리쳤으며 조국을 역사상 최고의 전성기로 이끌었어요.

발전한 서유럽 국가들로 사절단을 보내 많은 것을 보고 배워오게 했어요.

스페인과 포르투갈은 일찍부터 신항로 개척을 위해 노력했어요.
그 덕분에 전 세계에 걸쳐 '해가 지지 않는' 제국을 세울 수 있었지요.
신항로 개척에 힘쓴 탐험가들에 대해 알아볼까요?

이탈리아 출신의 스페인 탐험가로, 1492년에 아메리카 대륙에 도착했어요.

포르투갈 출신의 탐험가로 1488년에 아프리카 남쪽 끝단 희망봉에 도착했어요.

포르투갈 출신의 탐험가로 1497년에 유럽 최초로 인도에 도착했어요.

포르투갈 출신의 탐험가로 스페인을 출발하여 1521년에 필리핀에 도착해요.

시작
시작
시작
시작

마젤란
바르톨로메우 디아스
바스쿠 다가마
콜럼버스

1 다음 설명이 나타내는 부분을 지도에서 찾아봅시다.

> 대서양과 맞닿은 이베리아반도의 두 나라, 스페인과 포르투갈은
> 일찌감치 신항로 개척을 위해 노력했어요.

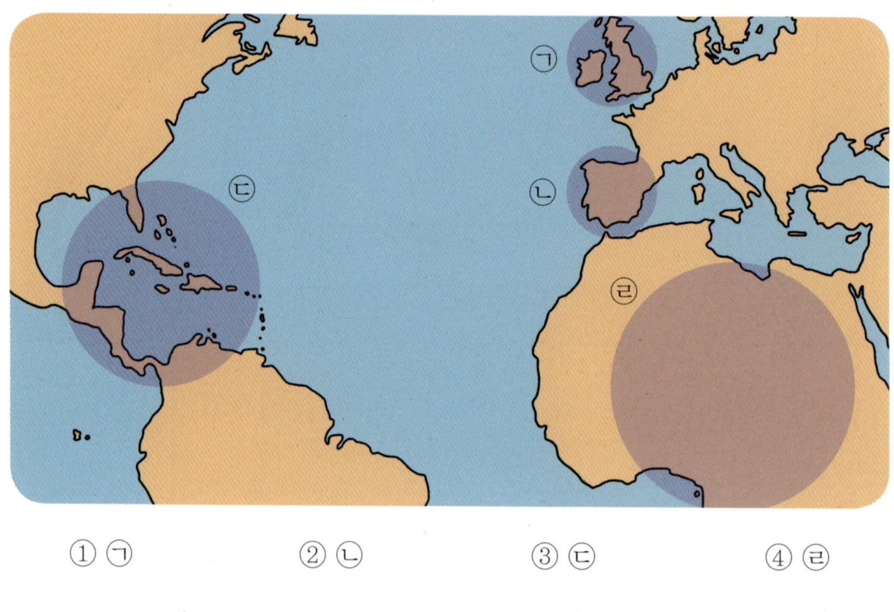

① ㄱ　　　　② ㄴ　　　　③ ㄷ　　　　④ ㄹ

2 인터넷에서 누군가 올린 질문에 답변을 쓰고 있어요.
（　　　　　）안에 뭐라고 써야 할까요?

> ●질문: 레콩키스타가 무엇인지 알려 주세요.
> ●답변: 레콩키스타는 스페인과 포르투갈이
> 　　　　이베리아반도에서 （　　　　　　　　　）

① 절대 왕정을 세운 사건을 말해요.
② 신항로 개척에 나선 일을 말해요.
③ 이슬람 세력을 몰아낸 일을 말해요.
④ 크리스트교를 믿게 된 사건을 말해요.

3 다음은 어떤 인물을 설명하는 글일까요?

카스티야 왕국의 여왕이에요. 아라곤 왕국의 황태자 페르난도와 결혼 후 카스티야-아라곤 연합 왕국을 만들었지요. 이 연합 왕국은 훗날 스페인 왕국의 기초가 되었기 때문에 사람들은 그녀를 '통일 스페인의 어머니'라고 부르기도 해요.

① 이사벨 1세　② 엘리자베스 1세　③ 선덕 여왕　④ 마리 앙투아네트

4 다음 글에서 ⬭에 들어갈 말로 적당하지 않은 것은 무엇일까요?

'콜럼버스의 교환'은 콜럼버스가 대서양 항로를 개척한 이후 아메리카와 유럽 대륙 사이에서 이루어진 동식물과 자원, 문화 등의 교류와 그 결과 생긴 변화 등을 뜻해요. 예를 들어 유럽 대륙의 밀과 올리브, 포도가 아메리카 대륙으로 전해졌고, 아메리카 대륙에서 자라던 ⬭와 ⬭가 유럽에서도 재배되기 시작한 것입니다. 특히 ⬭는 유럽에서 중요한 식재료가 되었지요.

① 감자

② 토마토

③ 옥수수

④ 커피

5 (   ) 안에 들어갈 내용은 무엇일까요?

친구에게.
안녕! 나는 지금 부모님과 스페인 여행 중이야. 오늘은
'그라나다'라는 도시에 왔어. 이곳은 (   ) 궁전이 아주
유명해. 스페인의 마지막 이슬람 세력이 지은 건축물인데,
이슬람과 가톨릭 문화가 묘한 조화를 이루고 있지. 1984년에
유네스코 세계 유산으로 등재되었다고 해.

① 윈저   ② 상수시   ③ 알람브라   ④ 베르사유

6 다음 대화를 보고 나눈 친구들의 이야기 중 잘못 말한 친구는 누구일까요?

① **하윤** : 이 무렵 나침반이 전래해서 먼바다에서도 길을 잃지 않을 수 있었다고 해.

② **승훈** : 대서양 진출이라는 큰 목표를 위해서 이슬람 세력과도 손을 잡았지.

③ **민환** : 포르투갈의 엔히크 왕자는 항해 연구소를 만들 정도로 신항로 개척을 적극적으로 장려했다고 해.

④ **정우** : 맞아, 역풍이 불어도 앞으로 나아갈 수 있는 캐러벨 범선도 이때 만들어졌다지?

7 스페인과 포르투갈에서 있었던 역사적 사실을 순서대로 정리해 봅시다.

가 펠리페 2세의 무적함대가 레판토 해전에서 오스만 제국을 무찔렀어요.

나 이사벨 1세가 그라나다 왕국을 점령해 레콩키스타를 마무리했어요.

다 피카소가 게르니카 폭격 사건에 항의하는 그림을 그렸어요.

라 마젤란 함대가 세계 일주 항해에 성공하고 스페인으로 돌아왔어요.

마 바르톨로메우 디아스가 힘든 항해 끝에 희망봉을 발견했어요.

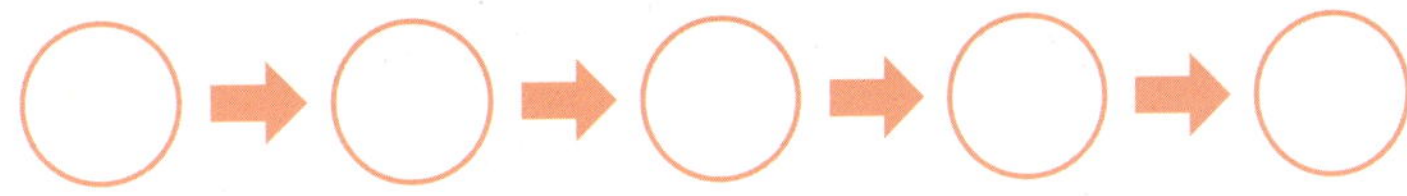

8 다음 지도에서 붉은색으로 표시된 항로를 개척한 인물은 누구일까요?

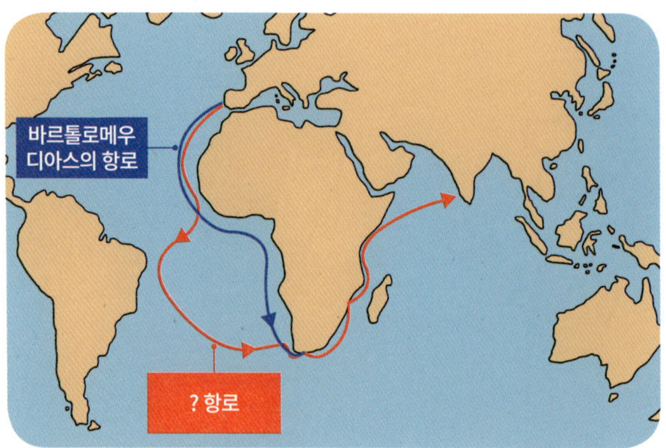

① 마젤란
② 바스쿠 다가마
③ 콜럼버스
④ 장보고

9 다음은 1522년 어느 날 스페인에서 발행된 가상 신문입니다.
⬭ 안에 들어갈 기사의 주인공은 누구일까요?

⬭ 함대 드디어 스페인으로 돌아오다!

1519년 9월 20일, 다섯 척의 배에 200여 명의 선원을 태우고 스페인을 떠났던 ⬭ 함대가 1522년 9월 6일 스페인으로 다시 돌아왔다. 대서양을 지나 태평양을 가로질러 필리핀에 도착한 ⬭ 함대는 인도양을 거쳐 아프리카를 돌아 스페인으로 귀환함으로써 최초로 세계 일주 항해에 성공했다. 안타깝게도 함대를 이끌던 ⬭ 은 필리핀에서 벌어진 원주민과의 전투에서 전사했지만, 남은 열 여덟 명의 동료에 의해 탐험은 성공적으로 마무리될 수 있었다.

① 마젤란　　② 엔히크　　③ 콜럼버스　　④ 피카소

초 대 장

가우디 건축 사진전에 당신을 초대합니다.

일시: 0000년 00월 00일~00일
장소: 천재박물관 특별 전시관
주제: 가우디의 특별한 건축 세계

① 구엘 공원

② 카사 밀라

③ 사그라다 파밀리아 대성당

④ 베르사유 궁전

도전 세계사 놀이 퀴즈·정답 따라가기

도전 세계사 놀이 퀴즈·정답 연결하기

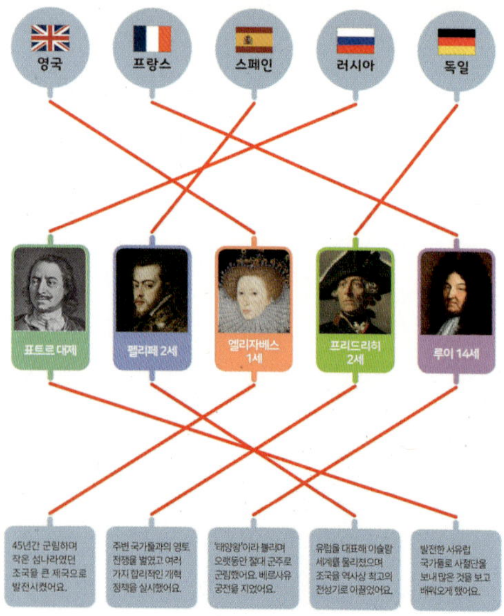

도전 세계사 놀이 퀴즈·사다리 타기

1 답 ②

㉠은 영국과 아일랜드, ㉡은 스페인과 포르투갈이 있는 이베리아반도,
㉢은 중앙아메리카, ㉣은 아프리카 대륙이다.

2 답 ③

스페인어 '레콩키스타'는 '재정복'이라는 뜻으로, 718년부터 1492년까지 이베리아반도의
가톨릭 왕국들이 이슬람 세력을 몰아내는 과정을 말한다.

3 답 ①

②엘리자베스 1세는 영국의 절대 군주이며, ③선덕 여왕은 신라의 제27대 왕이다.
④ 마리 앙투아네트는 프랑스 왕 루이 16세의 왕비이다.

4 답 ④

올리브는 주로 남유럽의 지중해 지역에서 널리 재배된다.

5 답 ③

①윈저성은 영국 잉글랜드에 있는 성채이며, ②상수시 궁전은 독일 프로이센 왕국의 궁전, ④
베르사유 궁전은 프랑스의 궁전이다.

6 답 ②

스페인과 포르투갈 등 이베리아반도의 가톨릭 왕국들은 이슬람 세력을 몰아내기 위해
긴 시간 노력했다.

7 답 (마)→(나)→(라)→(가)→(다)

(가) 가톨릭 연합 왕국의 레판토 해전 승리: 1571년
(나) 이사벨 1세의 레콩키스타 완료: 1492년
(다) 피카소의 작품 〈게르니카〉 발표: 1937년
(라) 마젤란 함대의 세계 일주 항해 성공: 1522년
(마) 바르톨로메우 디아스의 희망봉 도착: 1488년

8 답 ②

아프리카 희망봉을 거쳐 인도 캘리컷에 도착한 탐험가는 바스쿠 다가마이다. ① 마젤란은
세계 일주 항해를 했고, ③콜럼버스는 아메리카 대륙까지 4차례나 항해했다. ④장보고는
청해진을 설치한 신라의 장군이다.

9 답 ①

②엔히크는 포르투갈의 왕자로 신항로 개척을 추진했지만 직접 탐험을 떠나지는 않았다.
③콜럼버스는 아메리카 대륙을 발견했으며, ④피카소는 스페인을 대표하는 화가이다.

10 답 ④

베르사유 궁전은 프랑스의 베르사유에 있는 왕궁으로, 태양왕 루이 14세에 의해 지어졌다.

스페인

코바동가 전투의 승리

기원전

- **1100년** 페니키아인의 이베리아반도 유입
- **218년** 로마 제국 지배 시작

기원후

- **711년** 이슬람교도, 이베리아반도 침공
- **718년** 최초의 가톨릭 왕국인 아스투리아스 왕국 성립
- **722년** 코바동가 전투에서 가톨릭교도의 승리로 레콩키스타 시작
- **1469년** 이사벨 1세와 페르난도 2세 결혼, 연합 왕국 탄생
- **1488년** 바르톨로메우 디아스, 희망봉 발견
- **1492년** 레콩키스타 완성. 콜럼버스, 아메리카 대륙 발견
- **1494년** 토르데시야스 조약 체결
- **1498년** 바스쿠 다가마, 아프리카 남단 희망봉을 거쳐 인도 항로 개척

아메리카 대륙에 도착한 콜럼버스

- **1522년** 마젤란 원정대, 지구 한 바퀴를 도는 세계 일주 항해 성공
- **1571년** 가톨릭 연합 함대, 오스만 제국 함대와 벌인 레판토 해전 승리
- **1580년** 펠리페 2세, 포르투갈 합병
- **1668년** 포르투갈 독립
- **1936년** 프랑코 장군의 쿠데타로 스페인 내전 시작

스페인 내전

- **1937년** 나치 독일. 스페인 바스크 지방 도시 게르니카 폭격
- **1939년** 스페인 내전 종식, 프랑코 독재 시작
- **1975년** 프랑코 사망으로 독재 종식. 후안 카를로스 국왕 즉위

후안 카를로스 국왕 즉위식

세계사	한국사

세계사

기원전
- **770년** 주의 동천, 춘추 시대 시작
- **492년** 그리스·페르시아 전쟁
- **264년** 포에니 전쟁 시작
- **221년** 진, 중국 통일

기원후
- **395년** 로마, 동·서로 분열
- **476년** 서로마 제국 멸망
- **589년** 수, 중국 통일
- **1095~1291년** 십자군 전쟁
- **1206년** 칭기즈 칸, 몽골 제국 성립
- **1299년** 오스만 튀르크 제국의 성립
- **1453년** 동로마 제국 멸망
- **1453년** 오스만 제국, 콘스탄티노폴리스 점령
- **1649년** 영국, 청교도 혁명
- **1688년** 영국, 명예혁명
- **1776년** 미국, 독립 선언

한국사

기원전
- **57년** 신라 건국
- **37년** 고구려 건국
- **18년** 백제 건국

기원후
- **494년** 부여, 고구려에 복속
- **660년** 백제 멸망
- **668년** 고구려 멸망
- **676년** 신라, 삼국 통일
- **698년** 발해 건국
- **900년** 견훤, 후백제 건국
- **918년** 왕건, 고려 건국
- **936년** 고려의 후삼국 통일
- **1392년** 이성계, 조선 건국
- **1592년** 임진왜란 발발
- **1866년** 병인양요
- **1871년** 신미양요

사진 출처

28, 191 이사벨 1세 | 위키피디아

52 알람브라 궁전의 열쇠를 넘겨받는 이사벨 여왕 | 위키피디아

53 메스키타 | 위키피디아 ⓒJosé Luiz Bernardes Ribeiro

53 톨레도 역사 도시 | 위키피디아 ⓒchristopher_brown

53 알람브라 궁전 | 위키피디아 ⓒChris

74, 194 엔히크 왕자 | 위키피디아

84 발견 기념비 | 위키피디아 ⓒYair Haklai

87 청해진 | 위키피디아 ⓒ완도군청

98,194 콜럼버스 | 위키피디아

120 토르데시야스 조약 문서 | 위키피디아

128, 154 펠리페 2세 | 위키피디아

154, 188 루이 14세 | 위키피디아

154, 188 엘리자베스 1세 | 위키피디아

154, 188 표트르 대제 | 위키피디아

154, 188 프리드리히 2세 | 위키피디아

160, 194 피카소 | 위키피디아

182 게르니카 | 위키피디아

183, 195 구엘 공원 | 위키피디아 ⓒCarlos Cunha

183, 195 카사 밀라 | 위키피디아 ⓒJuanedc

183, 195 사그라다 파밀리아 대성당 | 위키피디아 ⓒböhringer friedrich

184 발렌시아 불꽃 축제 | 위키피디아 ⓒEmilio García

184 소몰이 축제 | 위키피디아 ⓒAsier Solana Bermejo

184 토마토 축제 | 위키피디아 ⓒCarlesboveserral

194 마젤란 | 위키피디아

195 베르사유 궁전 | 위키피디아

198 코바동가 전투 | 위키피디아

　　　콜럼버스 | 위키피디아

　　　스페인 내전 | 위키피디아

　　　후안 카를로스 국왕 즉위식 | 위키피디아